PAUL CARELL · UNTERNEHMEN BARBAROSSA IM BILD

Paul Carell

Unternehmen Barbarossa im Bild

Der Rußlandkrieg
fotografiert von Soldaten

Herbig

Mit 77 Original-Farbaufnahmen,
606 Schwarzweiß-Fotos, 1 Ausklappkarte,
6 farbigen Karten, 28 Schwarzweiß-Karten,
23 Schaubildern, Dokumenten und Statistiken,
2 Vignetten und 197 Divisionszeichen.

Einrichtung · Grafische Gestaltung · Bernhard Ziegler

CIP-Kurztitelaufnahme der Deutschen Bibliothek

Unternehmen Barbarossa im Bild: der Rußland-
krieg fotografiert von Soldaten / Paul Carell.
– Berlin, Frankfurt/M: Ullstein 1991.
   Frühere Ausg. u. d. T.: Der Rußlandkrieg.
  (Sonderausgabe)
   ISBN 3 550 08509 5
NE: Carell, Paul [Hrsg.]
VW: Schmidt, Paul Karl (wirkl. Name) → Carell,
Paul

Unveränderte Sonderausgabe
© 1967 by Verlag Ullstein GmbH, Berlin · Frankfurt/M

Lizenzausgabe für die F. A. Herbig Verlagsbuchhandlung, München
Alle Rechte vorbehalten
Printed in Germany 1991
Gesamtherstellung: Mohndruck, Gütersloh
ISBN 3-7766-1709-8

	Einführung Sinn und Form des Bildbandes · Wegweiser für den Betrachter · Dank an die Mitarbeiter	Seite	7
	Gefechtskalender Chronik der Ereignisse nach den Teilen des Bildbandes geordnet	Seite	17
I	Blitzkrieg und Kesselschlachten Ziel ist die Linie Astrachan–Archangelsk	Seite	33
II	Vor Moskaus Toren Sibirische Kälte und sibirische Regimenter	Seite	92
III	Der Sturm am Südflügel Über die großen Flüsse Richtung Kaukasus und Stalingrad	Seite	128
IV	Stalingrad »Jeder Soldat eine Festung«	Seite	176
V	Die Kämpfe am Nordflügel Zwischen Eismeer und Seliger-See	Seite	220
VI	Kaukasus, Kuban, Kertsch Die große Schlacht ums Öl	Seite	260
VII	Unternehmen »Zitadelle« »Panther« und »Tiger« sollen im Kursker Bogen die Wende bringen	Seite	300
VIII	Verbrannte Erde Der Rückzug zum Dnjepr	Seite	352
IX	Die Front bricht Nur die Gräber bleiben zurück	Seite	392
	Anhang	Seite	435
	Die Zeichen der deutschen Divisionen	Seite	437
	Register	Seite	453
	Bildnachweis	Seite	466

Einführung

Der Fall von Moschaisk muß für Moskau eine der schlimmsten Nachrichten des Krieges gewesen sein. Denn mit dieser Meldung vom historischen Schlachtfeld von Borodino schien das Schicksal der Hauptstadt im Oktober 1941 so besiegelt wie im September 1812, als Napoleon sich an der Rajewski-Schanze den Weg nach Moskau freigeschlagen hatte.

Als ich die Geschichte der blutigen Gefechte des 40. Panzerkorps gegen die baumstarken Männer der 32. sibirischen Schützendivision schrieb, sandte mir ein Mitarbeiter eine Reihe Fotos von den Kämpfen und von der Landschaft um Moschaisk. Ich betrachtete die Bilder. Und stand nun selbst oben auf den Höhen über der Stadt. Weit geht der Blick von dort ins Land, ostwärts, die Moschaisker Chaussee entlang, nach Moskau. Und mit einem Schlag wurde augenscheinlich, was die militärischen Informationen besagten: Wer diese Höhe besaß, der hatte den Fuß in der Tür der sowjetischen Hauptstadt.

So erkannte ich, wie ein Foto den Bericht vertiefen konnte, vor allem, wenn es sich um Ereignisse und Vorgänge handelt, die dem Leser fremd und deshalb auch schwer vorstellbar sind. Und ich fand bestätigt, was General Fritz Bayerlein, Chef des Generalstabes bei Rommel, Führungsgehilfe Guderians und erfahrener Divisionskommandeur, bei unserer gemeinsamen Arbeit oft sagte: »Ein instruktives Foto ist mehr wert als zwanzig Seiten Geländebeschreibung.«

Man muß die Weite der Steppe vor Augen haben – im Sommer das in der Gluthitze rotschimmernde Meer aus blühenden Gräsern, im Winter den Ozean aus Schnee –, um die Strapazen der Märsche und die Härte der Kämpfe ahnen zu können. Man muß die mächtigen russischen Ströme sehen, wenn man ermessen will, was es hieß, sie im Blitzkrieg-Tempo zu überspringen; und die Gefangenenkolonnen, die endlosen, die aus den Kesselschlachten nach Westen marschierten: sie lassen die Katastrophe sichtbar werden, die im ersten Kriegshalbjahr die Rote Armee traf. Und dann erst die Winterfotos der Jahreswende 1941/42: Sie demonstrieren ad oculos, wie Hitlers Blitzkrieg einfriert, erstarrt, wie ›General Winter‹ die deutschen Armeen vor Moskau schlägt.

Ein neuer Sommer kam. Ein neuer Winter. Die Fotos erzählen davon. Sie zeigen die Schluchten des Waldkaukasus und die Gletscher des Elbrus. Den Don. Die Wolga. Den Terek. Die baumlose Kalmückensteppe. Die Urwälder des Wolchow. Die froststarrende

Newa und den zugefrorenen Ilmen-See. Sie lassen noch einmal die elementaren Hindernisse in den unendlichen Räumen erstehen, die der größten Tapferkeit eine Grenze setzten und den letzten Sprung zu dem entscheidenden Ziel verhinderten: Ob es nun Moskau oder Murmansk hieß, Tuapse oder Tiflis, Astrachan oder Stalingrad.

Wer das Wolga-Steilufer von Stalingrad vor Augen hat, begreift sofort, warum es für die Rotarmisten eine ›Wunderwaffe‹ war. Wer die informativen Fotografien vom Trümmergewirr der Stalingrader Fabrikhallen anschaut, versteht, warum jeder Schritt hier mit Blut bezahlt werden mußte. Oder die frostklirrenden Landschaften im Mittelabschnitt mit meterhohen Schneewächten, in denen die Lastwagen und die Panzer steckenblieben: Sie werden zu unwiderlegbaren Zeugen für die Berichte der Truppe über die mörderischen Kämpfe im russischen Winter, der Moskau rettete, obwohl es nur noch etwa sechzehn Kilometer waren, die die deutschen Grenadiere vom Kreml trennten.

Staunend fragte einer meiner jungen Mitarbeiter, als er das Foto von einer Kolonne sah, die durch die sommerliche Steppe gegen Stalingrad zieht: »Hat denn niemand bedacht, was geschehen muß, wenn in dieser Endlosigkeit der Winter mit drei Meter Schnee einkehrt?« Ja, hat das niemand bedacht?

Diese Frage stellt sich auch bei den Bildern verschlammter Rollbahnen, auf denen die Divisionen steckenblieben, weil Pferd und Wagen versanken – im Frühjahrsschlamm der Rasputiza oder im Morast der herbstlichen Regenzeit. Hat niemand das bedacht? Das Foto wird hier zum Ausrufezeichen der Kritik.

Es gibt Bilder, auf denen eine Geste – der befehlende Fingerzeig eines Offiziers, die Hand eines Gefallenen – erstarrt und der Zeit entrückt scheint; Bilder, auf denen eine ergreifende Szene der Menschlichkeit dargestellt ist, ein Beweis packenden Mannesmutes, die Verzweiflung eines Kindes im Frontgebiet. Diese Bilder sagen alles über den Krieg, über jeden Krieg, nicht nur den deutsch-russischen. Denn nach mehr als zwei Jahrzehnten ist der Charakter des Schnappschusses, die aktuelle Dramatik, verblaßt; geblieben ist ein der Zeit entrücktes Zeichen, ein Symbol – von Kühnheit oder Wut, Angst oder Melancholie, Handeln und Erleiden. Nur noch Gemälde der seelischen Landschaft, ist in diesen Fällen das Foto eine zeitlose Impression, die nicht nur elementare Gefühle darstellt, sondern auch weckt. Man wird beim Betrachten traurig oder zornig, spürt Haß oder Liebe. Ein Stückchen Wirklichkeit, von einem Soldaten in einer Momentaufnahme eingefangen, wird zum Zeugnis der ganzen Wahrheit.

Dabei gilt es immer gegenwärtig zu haben: Wahrheit und Wirklichkeit sind nicht identisch! Die Wahrheit ist mehr als die Wirklichkeit. Diese Tatsache rechtfertigt das symbolische Foto, welches eine Wahrheit demonstriert, die über die Wirklichkeit hinauswirkt. Ich meine damit Fotos wie das auf Seite 121: Gut ausgerüstete sibirische Schützen marschieren in idealer Winterkleidung an gefallenen Landsern vorbei, die in ihren Sommermänteln erstarrt am Straßenrand liegen: Da ist sie, die sibirische Karte im blutigen Spiel um Moskau – hier wird sie sichtbar: Eine kleine und militärisch unbedeutende Szene wird zum eindrucksvollen Zeugnis für einen bedeutenden Tatbestand.

Sinn und Form des Bildbandes

Es ist schwer, vierhundert oder fünfhundert Seiten lang durch einen Strom von Fotos zu schwimmen. Ein Foto und eine Beschriftung. Foto. Beschriftung. Und immer so weiter. Seite um Seite.
Ich habe versucht, dieser Monotonie zu entgehen, und deshalb jede Doppelseite unter ein Thema gestellt. Auf diese Weise bekommt der Strom der Bilder Wehre und Inseln. Grafische Zeichen, Schaubilder und Kartenskizzen, oft auch ein bewußt harter Wechsel der Themen sollen dem Betrachter Hilfe sein. Es ist kein Zufall, daß mitten im Komplex der Sommer- und Herbstkämpfe 1941 eine Doppelseite unter dem Thema ›die Zigarette‹ steht. Oder daß im Kapitel über die Kursker Schlacht vier Doppelseiten über Fronttheater zu finden sind. Ich weiß nicht, ob alle Betrachter dieses Experiment akzeptieren; aber ich meine, daß auch ein Bildband über Krieg und Soldaten auf dramaturgische Kunstgriffe nicht verzichten muß.
Auf manchen Doppelseiten habe ich versucht, durch eine Bildserie das Geschehen wie einen Film ablaufen zu lassen und dadurch erlebbar und gegenwärtig zu machen: Ein Kradschützenunternehmen. Ein Infanterieangriff in dicht aufeinanderfolgenden Phasen stürmt vorbei. Soldaten ziehen ihre Straße und schauen hinüber zu einem Fenster mit jungen Mädchen.
Niemals wurde dabei das Mittel der Montage oder der falschen Zuordnung von Fotos benutzt. Wurde aber ein Bild herangezogen aus einem anderen Zeitabschnitt oder einem anderen Raum, um einen besonderen Tatbestand sichtbar zu machen, so ist das vermerkt. Ich habe versucht, das Bild nur als verbürgte Quelle zu verwenden: w o, w a n n und – wenn nötig – w i e gemacht! Denn das Foto kann ein trügerischer Genosse sein. Wer kein sorgfältiges Quellenstudium betreibt, kann darüber getäuscht werden, ob eine Szene echt oder gestellt war; ob Zeit und Raum richtig angegeben sind; ob die Original-Bildbeschriftungen einen bestimmten Zweck im Auge hatten – und welchen! Bis auf den heutigen Tag wird mit dem ›Fotozeugnis‹ durch die Hinter-

tür inkorrekter Beschriftungen Mißbrauch getrieben. Wir haben versucht, alles Fragwürdige in jedweder Form auszuschalten – ob es immer gelungen ist?

Der Gedanke, meinen Lesern die vielfältigen dokumentarischen Fotozeugnisse zugänglich zu machen, entstand – wie gesagt – schon bei den Vorarbeiten zu UNTERNEHMEN BARBAROSSA, als wir Bilder zum Studium der Atmosphäre, der Schauplätze, der Kampfsituationen heranzogen. Da es aus vielen Gründen nicht möglich -- und wohl auch nicht zuträglich – ist, den Textband so stark zu bebildern, daß das Foto gleichrangig neben dem Wort steht, wuchs langsam der Gedanke heran, einen Bildband zusammenzustellen: Einen Bildband, der ganz auf die Berichte der Textbände zugeschnitten ist, in dem das Foto in seiner vielfältigen Funktion dem Wort der Textbände zur Seite gestellt wird.

Von diesem Tag an begannen wir zu sammeln. Wir haben dabei immer nach den exemplarischen Bildern gesucht, das heißt, nicht nach schönen oder ›großen‹ und ›einwandfreien‹ Fotos; nicht selten habe ich eine mangelnde Bildqualität in Kauf genommen, wenn das Foto einen bestimmten Abschnitt, einen Brennpunkt oder ein in meinen Textbänden hervorgehobenes Ereignis dokumentierte. Zum Beispiel: Die Brücke über den Terek bei Mosdok; der Blick über die Newa bei Porogi; die Landschaft um die berüchtigten Poseloks bei Schlüsselburg. Exemplarisch im echtesten Sinne sind die beiden Fotos von den Kämpfen um Moskau: ein deutsches und ein sowjetisches. Nebeneinandergestellt, erhalten sie eine einmalige, unheimliche Authentizität, wie kein anderes Medium sie dokumentieren könnte: Angetreten – und gefallen! (Seiten 110/111).

Ein anderes Beispiel für die Art, wie wir die Bilder auswählten, ist der Kessel von Tscherkassy, jene Tragödie zwischen Dnjepr und Gniloi Tikitsch am Jahresbeginn 1944. Es gibt starke Bilder vom Einsatz und vom Kampf im Kessel, auch vom Ausmarsch. Von den schlimmen Szenen im eistreibenden Gniloi Tikitsch gibt es natürlich keine Fotos; wer sollte sie gemacht haben? In solchen Situationen, wo jeder um sein Leben lief und um sein Leben schwamm, wurde nicht mehr geknipst.

Ich stand vor der Frage: Welche Bilder wählt man für die eine Doppelseite zum Thema Tscherkassy aus? Denn nur eine stand zur Verfügung, weil auch ein Bildband im Umfang seine Grenzen hat. Es mußte mehr sein als ein außergewöhnliches Porträt einer kriegerischen Szene. Denn dieser Kessel war mehr als ein militärisches Unheil. Er war zuallererst eine Tragödie der Menschen, die in dem Augenblick, da sie sich gerettet glaubten, in die Vernichtung liefen. Ich wählte deshalb ein ganz unpathetisches Foto: Die letzte Mahlzeit – ein verbürgt dokumentarisches Bild von der Stunde des Ausbruchs. Es bildet einen herausfordernden Gegensatz zu dem russischen Foto auf der

Doppelseite, das laut und klar ist, ganz auf stolze Information gestellt, auf Kriegsbericht – legitimen Kriegsbericht – vom eroberten Schlachtfeld. Diese beiden Fotos sind sichtbare Pfeiler, über die sich unsichtbar der Bogen der in VERBRANNTE ERDE berichteten Tragödie spannt.

Diese Beispiele (nachzuschauen auf den Seiten 402–403) zeigen deutlich, was wir bei der Auswahl der Bilder und der Komposition des Bildbandes im Sinn hatten. Sie sind auch eine Antwort auf die wahrscheinlich vielen Fragen vieler Freunde: Warum wurde dieses Foto und nicht meines gebracht?

Die Wahl war oft sehr schwer. Leitmotiv war stets: Der Bildband soll bei aller Vielfalt eine Einheit sein. Ein Bild aus vielen Bildern! Ich habe mir in UNTERNEHMEN BARBAROSSA und VERBRANNTE ERDE das militärische und soldatische Drama des Rußlandkrieges zum Thema genommen. Nicht Schuld darzustellen ist mein Anliegen, ich will Geschichte erleben lassen. Ich suche nicht Torheit, sondern Wahrheit. Für den Bildband heißt das: Die Wahrheit, wie sie sich dem Soldaten in den vielfältigen Bereichen des militärischen Lebens darstellte, wenn er s e i n Foto von s e i n e m Kriegserleben machte. Fotografiert von Soldaten – der Untertitel setzt Ziel und Schranken.

Das gilt auch für die Frage: Wo sind die Fotos aus den Vernichtungslagern? Wo die Gaskammern? Sie waren keine Sache des Soldaten und der Front und sind deshalb auch nicht Gegenstand meiner Bücher. Anders die Tatsache, daß auch im Frontgebiet und im Fronthinterland die Eskalation der Gewalt, vor allem im unerbittlichen Partisanenkrieg, ihre Opfer forderte. Dieser Schlacht der menschlichen Gewalttätigkeit und der ideologischen Verwilderung habe ich eine Doppelseite gewidmet, mit Fotos, die stellvertretend für die Handlungen aus entfesselter Leidenschaft stehen (Seiten 414/415).

Von bestimmten Operationen gibt es natürlich nur wenige Fotos. Katastrophale Entwicklungen, Kesselausbrüche, überstürzte Rückzüge lassen keinem Soldaten Zeit, das Gewehr mit der Kamera zu vertauschen. Er hatte dann Wichtigeres zu tun, als zu fotografieren.

Nicht jeder Kampfabschnitt, nicht jede Schlacht, nicht jedes wichtige Ereignis, das in meinen Textbänden erörtert wird, konnte bildmäßig dokumentiert werden. Nicht, weil es keine Fotos gäbe, sondern weil dem Umfang eines Bildbandes, der für eine große Lesergemeinde bestimmt ist und deshalb einen erschwinglichen Preis haben muß, Grenzen gesetzt sind. Manches Foto muß deshalb stellvertretend für einen ganzen Komplex stehen. Zum Beispiel bei Cholm. Charkow. Hubekessel. Die auf der Gebirgsstraße marschierenden Finnen, die Gruppe vom Jägerregiment 139, stehen stellvertetend für die Kämpfe vor Murmansk. Und das erschütternde Bild der Verwundeten vom II. Bataillon Infanterieregiment 39 (Seite 428) steht für das Leid aller Schlachten. Das 6 × 9 kleine Foto machte Jakob Moll im Sommer 1941 an der Düna. Wir fanden es in einem Album; es sah in dem kleinen Format unscheinbar aus, und erst in der Vergrößerung enthüllte es sich als atemberaubendes Dokument, als eines der stärksten Fotos.

Bestimmten Bereichen, zum Beispiel dem Thema Instandsetzung, hätte ich gern eine Seite mehr gewidmet. Auch den Sanitätern, den Eisenbahnern, den Pionieren. Aber mir schienen die Seiten mit den Sonderthemen aus dem Leben des Soldaten so wichtig, daß ich dafür glaubte, manchen Verzicht in Kauf nehmen zu dürfen.

Eine Frage, die sicher gestellt werden wird, ist die: Warum gibt es bei vielen Fotos präzise dokumentarische Angaben von Einheit, Zeitpunkt, Fotografen – also penibelsten Sachbuchstil – und dann wieder sparsamste anonyme Beschriftung? Auch das ist Absicht. Wo ein Foto sinnbildlich für eine Sache steht, ist alles, was vom Kern ablenkt, jedes Detail, überflüssig; das geht zwar auf Kosten der Information – aber es ist zugunsten der Wahrheit.

Ein Motiv zieht sich von der ersten bis zur letzten Seite: Das Bild des Soldaten! Des deutschen und des russischen. Nicht nur sein Gesicht ändert sich mit den Jahren des Krieges. Alles an ihm ändert sich: Die Augen, die Haltung, der Kampfanzug, der ganze Stil spiegeln sowohl das aktuelle Geschehen wider wie die langwierigen Phasen des Krieges. Man kann jedem Foto von einer Geschützbedienung im Einsatz, von einem Stoßtrupp, einer Kampfgruppe ansehen, aus welchem Jahr es stammt, es läßt die sich wandelnde Geschichte des Soldaten erkennen. Aus dem deutschen Sieger wird der Verlierer, aus dem geschlagenen Rotarmisten im Laufe der Jahre der harte Eroberer. Aber über alle Wandlungen hinweg wird mit bestürzender Eindringlichkeit durch das Bild bewußt gemacht, wie ähnlich sich die Gesichter der Soldaten waren.

Das wird besonders augenscheinlich, wenn man die simple Tatsache zum Zuge kommen läßt, daß im Krieg nicht nur geschossen, gefahren, gesiegt, gestorben und verloren wurde. Es wurde gegessen und getrunken, genäht und genagelt, verbunden und operiert, geheilt und begraben, versorgt, repariert, exerziert. Es wurde in der Etappe bürokratisiert, geliebt, gehaßt, Gutes und Böses getan. Diese Seite des eigenartigen und einzigartigen Männerdaseins im Krieg machte mehr als neunzig Prozent des Soldatenlebens aus.

Und noch eines: Das Land, in dem der Krieg geführt wurde, war ja immer nur strichweise und immer nur zeitweilig Schlachtfeld. Menschen lebten dort, und der Soldat wohnte mit ihnen in den Häusern und Katen! Handelte und tauschte auf ihren Märkten und kroch im Winter mit auf ihren Ofen.

Gerade für dieses Kapitel, für die Szenerie des Krieges, spielen die Farbfotos eine besondere Rolle. Sie sind ungewöhnliche Dokumente. Es gibt keine vergleichbaren Aufnahmen von einem der ehemaligen Feindländer, von den Russen schon gar nicht, aber auch nicht vom Pazifikkrieg oder von den fernöstlichen Fronten. In den vierziger Jahren steckte die Buntfotografie überall noch in den Kinderschuhen. Die deutschen Soldaten, die damals diesem Hobby nachgingen, hatten durchweg besondere Beziehungen zu einer der großen deutschen Fotofirmen. Sie stellte ihnen das im Kriege rare Filmmaterial zur Verfügung und besorgte die Entwicklung der Dias. Das ist die Erklärung für diese einzigartigen Fotos.

Wegweiser für den Betrachter

Meine Mitarbeiter und ich haben uns viele Bildbände angesehen und immer wieder erlebt, wie man erst mit großem Interesse schaut und studiert, dann nur betrachtet und bald nur noch blättert. Konzentriertes Schauen ermüdet schneller als Lesen. Wollte man jedoch mehr Lesestoff bieten, müßten die Bildbeschriftungen länger werden. Dadurch ginge nicht nur Platz verloren, sondern auch weißer Raum, der so wichtig ist als Rahmen und ästhetisches Dekor. Viel Beschriftungstext würde das Betrachten zwar anregender machen, zerstörte aber auch die elementare Wirkung des Bildes und machte aus dem Bild-Buch ein Lese-Buch mit Bildern. Gerade das wollten wir nicht.
Ich bin nicht der erste, der vor diesem Problem steht. Und es gibt verschiedene Versuche, dieser Schwierigkeit Herr zu werden: Man kann Lesestoff, das heißt Informationen und Erläuterungen, in einem gesonderten Anhang bringen, man kann Text- und Bildseiten wechseln lassen oder Text in Gestalt von fotografischen Dokumenten, also gewissermaßen ›getarnt‹, bieten.
Ich habe mich zu einer anderen Lösung entschlossen. Dokument, Karte und Schaubild sind zwar auch als Inseln im Bilderstrom verwendet, jedoch nur sparsam, um die Gesetze der Grafik nicht außer Kraft zu setzen. Ich bin beim absoluten Primat des Bildes geblieben; das ausführliche Wort dazu steht in UNTERNEHMEN BARBAROSSA und VERBRANNTE ERDE. Daraus ergab sich, daß der Bildband sich in Ablauf und Kapiteleinteilung möglichst eng an die Textbände halten mußte:
Teil I des Bildbandes ›Blitzkrieg und Kesselschlachten‹ entspricht dem Textkapitel ›Moskau‹ in UNTERNEHMEN BARBAROSSA.

Teil II: ›Vor Moskaus Toren‹ findet in UNTERNEHMEN BARBAROSSA in den Kapiteln ›Moskau‹ und ›Winterschlacht‹ textliche Parallelen.

Teil III: ›Der Sturm am Südflügel‹ entspricht in UNTERNEHMEN BARBAROSSA den Kapiteln ›Rostow‹ und ›Kaukasus und das Öl‹.

Teil IV des Bildbandes: ›Stalingrad‹ gehört zu dem gleichnamigen Kapitel in UNTERNEHMEN BARBAROSSA.

Teil V: ›Die Kämpfe am Nordflügel‹ hat seine textliche Entsprechung in UNTERNEHMEN BARBAROSSA, Kapitel ›Leningrad‹, ›Winterschlacht‹, ›Die Häfen am Eismeer‹ und in VERBRANNTE ERDE in dem Kapitel ›Die Schlachten am Nordflügel‹.

Teil VI: ›Kaukasus, Kuban, Kertsch‹ gehört zu den Kapiteln ›Kaukasus und das Öl‹ in UNTERNEHMEN BARBAROSSA sowie ›Manstein‹ in VERBRANNTE ERDE.

Teil VII: ›Unternehmen Zitadelle‹ entspricht dem Kapitel ›Kursker Schlacht‹ in VERBRANNTE ERDE.

Teil VIII: ›Verbrannte Erde‹ ist dargestellt in den Kapiteln ›Zum Dnjepr‹ und ›Zwischen Kiew und Melitopol‹ in VERBRANNTE ERDE.

Teil IX des Bildbandes schließlich: ›Die Front bricht‹ in VERBRANNTE ERDE in den Kapiteln ›Zwischen Kiew und Melitopol‹, ›Die Katastrophen am Südflügel‹ und ›Cannae der Heeresgruppe Mitte‹.

Lange habe ich erwogen, diese Zuordnung bei den farbigen Eröffnungsseiten anzugeben. Ich habe es schließlich aus grafischen Gründen unterlassen und dafür auf den Doppelseiten – soweit es nicht allgemeine Themen sind – am Schluß des Beschriftungsblocks einen genauen Hinweis auf die Textbände mit Seitenangabe gesetzt.

Auf diese Weise konnten die Bildbeschriftungen auf das Notwendigste beschränkt werden. Der Betrachter aber kann sich trotzdem schnell und einfach über die Bildbeschriftung hinaus aus den Textbänden informieren. Aus dem Bild-Buch kann so, ohne Verletzung seiner Gesetze, ein Lese-Buch gemacht werden; und den Betrachter trennt nur ein Blick vom Leser.

Um dem kriegsgeschichtlich Interessierten eine besondere Hilfe zu gewähren, ist ein Gefechtskalender auf den Seiten 17 bis 30 zusammengestellt, der über die zeitlichen Zusammenhänge informiert. Der Kalender ist auf den Bildband zugeschnitten und nach seinen Kapiteln zusammengestellt.

Dank an die Mitarbeiter

Es ist wohltuender Bestandteil eines Vorworts, daß sich der Autor bei denen bedankt, die ihm geholfen haben. Ich habe es jedoch auch diesmal wieder schwer; denn wie jedes meiner Bücher hätte auch dieser Bildband nicht gemacht werden können ohne viele Mitarbeiter, Helfer, Informanten und Ratgeber. Ich kann nicht alle beim Namen nennen.

Die Fotografen oder die Besitzer der zur Verfügung gestellten Fotos sind im Bildverzeichnis zu finden. In vielen Fällen weist die häufige Wiederkehr eines Namens mehr aus als ›Quelle‹, sondern ist das Zeichen für langjährige fruchtbare und kameradschaftliche Mitarbeit an meinen Büchern. Das gilt insbesondere für Georg Brütting, Professor Determeyer, Andres Feldle, Walter Hackl, Carl Henrich, Walter Holters, Hanns-Ritter Klippert, Hans Klöckner, Herbert Kuntz, Friedrich Musculus, Fritz Niederlein, Dr. Alfred Ott, Ernst-A. Paulus, Professor Dr. Priesack, Franz Regnery, Asmus Remmer, Horst Scheibert, Dr. med. vet. Hermann Schmidt, Karl Schwoon, Heinz Sellhorn, Otto Tenning, Emil Thrän, Gerhard Tietz, Gottfried Tornau, Hans-Joachim Tripp und Dr. Kurt Winterfeld.

Besonders gern danke ich der Bonner sowjetischen Botschaft und der Moskauer Agentur Nowosti für die Auswahl von 400 gutbeschrifteten, dokumentarisch wertvollen Fotos aus allen Phasen des Krieges.

Einige Dankesworte möchte ich aber doch individuell adressieren: Bernhard Ziegler, dem die Grafik oblag, hat seinen besonderen Platz bereits im Innentitel; aber ich möchte ihm hier – über seine fachmännische Arbeit hinaus – ganz besonders für die einfühlende Art danken, die ihn, den Künstler und ehemaligen Landser, befähigt hat, das Thema Soldat und Krieg mit dem Engagement des modernen Grafikers zu bewältigen. Es war ein zeitraubendes und schwieriges Geschäft, aus rund zwanzigtausend Fotos die treffendsten auszuwählen und thematisch einzuordnen.

Meinem Mitarbeiter Heinz Westphal gebührt Dank für die zähe Beharrlichkeit, mit der er die Unterlagen für 197 Divisionszeichen beschafft hat. Ein Beitrag, dem der Verlag zuerst mit Skepsis begegnete, den er aber dann genauso schön und bedeutsam fand wie wir alle. In dieser Art, in einer solchen Zusammenstellung und in solchem Umfang werden die Divisionszeichen zum erstenmal veröffentlicht. Ich hoffe, daß das manchem Soldaten helfen wird, seine Division, dessen Nummer ihm längst entfallen ist, wiederzuentdecken.

Herrn Günter Wegmann danke ich für seine mühevolle Arbeit der Dokumentation, die er auch beim Bildband wieder leistete; eine nicht wegzudenkende Hilfe bei Sachbüchern, die mit der Akuratesse der Dokumentation stehen und fallen. Herr Oberstleutnant Rolf Stoves sei bedankt für die Durchsicht des Manuskripts und Herr Oberst a. D. Boje für seine sorgfältige Bearbeitung des Gefechtskalenders.

Was aber wäre geworden – oder nicht geworden –, hätte nicht die Hand über Autor und Mitarbeiter gewaltet, die alle im Umkreis meiner Werkstatt unter jenem treffenden Titel kennen, den ein Generaloberst für sie prägte: ›Chef des Stabes‹.

Wir alle – Autor, Mitarbeiter und Ratgeber – sind uns jedoch einig, daß der herzlichste Dank der großen Gemeinde der Carell-Leser gilt, die Mut und Kraft zu so mühevoller und strapazierender Arbeit gibt, wie sie Sachbuch und Bildband erheischen.

Hamburg, im Oktober 1967

PAUL CARELL

Gefechtskalender

Chronik der Ereignisse nach den Teilen
des Bildbandes geordnet

I. Blitzkrieg und Kesselschlachten

22. 6.–28. 6. 41	Durchbruch durch die Grenzbefestigungen am Bug und Eroberung von Brest-Litowsk.
22. 6.–25. 6. 41	Durchbruch durch die Grenzstellungen in Litauen.
22. 6.–7. 7. 41	Grenz- und Durchbruchsschlachten durch die galizischen und westukrainischen Grenzbefestigungen.
23. 6.–28. 6. 41	Kämpfe im Gebiet der Pripjet-Sümpfe.
24. 6. 41	Einnahme von Kowno.
26. 6.–29. 6. 41	Kampf um Dünaburg.
28. 6. 41	Bobruisk erreicht.
28. 6.–30. 6. 41	Schlacht um Lemberg.
29. 6. 41	Eroberung von Libau.
29. 6.–1. 7. 41	Einnahme von Riga.
29. 6.–12. 7. 41	Kämpfe im Raume Riga.
29. 6.–7. 7. 41	Kesselschlacht Bialystok–Minsk.
2. 7.–10. 7. 41	Schlacht um Tarnopol.
2. 7.–25. 7. 41	Durchbruch durch die Stalin-Linie (Heeresgruppe Süd).
8. 7. 41	Einnahme von Pleskau.
8. 7.–10. 7. 41	Einnahme von Witebsk.
8. 7.–15. 7. 41	Durchbruch durch die Stalin-Linie (Heeresgruppe Mitte).
8. 7.–9. 8. 41	Verfolgung zum Ilmen-See.
9. 7.–14. 7. 41	Durchbruch durch die Dnjepr-Stellung.
11. 7.–4. 8. 41	Schlacht um Dorpat.
11. 7.–5. 8. 41	Schlacht um Smolensk.
13. 7.–25. 9. 41	Vorstoß auf Leningrad und Schlacht um Leningrad.
20. 7.–28. 7. 41	Schlacht bei Mogilew.
25. 7.–8. 8. 41	Kesselschlacht von Uman.
1. 8.–9. 8. 41	Kesselschlacht bei Rosslawl.
9. 8.–20. 8. 41	Schlacht bei Gomel.
10. 8.–24. 8. 41	Schlacht um Staraja Russa.

20. 8.–28. 8. 41	Schlacht um Reval.
22. 8. 41	Einnahme von Tscherkassy.
22. 8.–27. 8. 41	Schlacht bei Welikije-Luki.
25. 8. 41	Panzergruppe 2 (Guderian) wird aus dem Angriff nach Süden zum Stoß in den Rücken von Budjenny abgedreht.
21. 8.–27. 9. 41	Kesselschlacht bei Kiew.
31. 8.–30. 9. 41	Vorstoß auf die Krim und Durchbruchsschlacht bei Perekop.
7.–8. 9. 41	Eroberung der westlichen Arbeitersiedlungen (Poseloks) vor Schlüsselburg.
8. 9. 41	Eroberung von Schlüsselburg.
13. 9.–5. 10. 41	Verfolgung über Poltawa.
8. 9.–21. 10. 41	Eroberung der baltischen Inseln.
24. 9.–29. 9. 41	Kämpfe um Dnjepropetrowsk.
26. 9.–11. 10. 41	Schlacht am Asowschen Meer.
17. 10.–25. 10. 41	Kämpfe bei Charkow–Bjelgorod
2. 10.–20. 10. 41	Doppelschlacht Wjasma–Brjansk.
4. 10. 41	Beginn der Offensive auf Moskau.
4. 10. 41	Vorstoß auf Tula.
8. 10.–17. 10. 41	Kämpfe bei Gschatsk.
24. 10.–3. 11. 41	Einnahme von Kursk.
16. 10.–7. 12. 41	Kämpfe um Tichwin.
18. 10. 41	Beginn der Schlacht auf der Krim.
17. 11.–21. 11. 41	Vorstoß auf Rostow und Einnahme der Stadt.

II. Vor Moskaus Toren

12. 10. 41	Einnahme von Kaluga.
14. 10. 41	Einnahme von Kalinin.
19. 10. 41	Einnahme von Moschaisk.
25. 10. 41	Einnahme von Gorki.
Okt./Nov.	Kämpfe um die Höhen von Schelkowka und Dorochowo.
15. 11.–19. 11. 41	Beginn der Offensive auf Moskau durch Heeresgruppe Mitte.
26. 11. 41	Einnahme von Istra.
1. 12.–4. 12. 41	Durchbruch durch die Nara-Stellung, Kämpfe um Juschkowo und Burzewo.

5. 12. 41	Vorausabteilungen acht Kilometer vor Moskau.
6. 12. 41	Guderian bricht Angriff auf Tula ab.
6. 12.–21. 12. 41	Beginn der Abwehrschlacht zwischen Ostaschkow und Jelez auf 1 000 km Breite.
6. 12.–19. 12. 41	Abwehrkämpfe um Klin.
15. 12.–24. 12. 41	Abwehrschlacht zwischen Kalinin und der Winterstellung.
Dezember 1941	Wollsammlung im Reich.
19. 12. 41	Feldmarschall von Brauchitsch wird abgelöst.
25. 12. 41	Generaloberst Guderian wird entlassen.
21. 12.–30. 12. 41	Abwehrkämpfe um Kaluga.
4. 1.–20. 2. 42	Winterschlacht von Rschew.
14. 1.–18. 4. 42	Abwehrkämpfe in der Winterstellung Juchnow – Gschatsk – Subzow.
22. 3.–18. 4. 42	Kämpfe bei Wjasma.

III. Der Sturm am Südflügel

Vorspiel zu »Operation Blau«

24. 8.–1. 9. 41	Eroberung von Berislaw und Brückenschlag über den Dnjepr.
17. 10. 41	Eroberung von Taganrog.
20. 10. 41	Eroberung von Stalino.
November 41 bis März 42	Winterschlacht im Raume Rostow – Charkow – Kursk – Orel.
19. 11.–21. 11. 41	Eroberung von Rostow und der Don-Brücken.
29. 11. 41	Gegenangriff der Russen, Rostow wird geräumt.
1. 12. 41	Feldmarschall von Rundstedt durch Feldmarschall von Reichenau ersetzt.
17. 5.–27. 5. 42	Kesselschlacht von Barwenkowo (Timoschenko).
22. 5.–27. 5. 42	Kesselschlacht südwestlich Charkow.
22. 6.–26. 6. 42	Schlacht von Isjum – Kupjansk.

11. Armee erobert die Krim (Manstein)

31. 8.–30. 9. 41	Durchbruchsschlacht bei Perekop.
18. 10.–27. 10. 41	Durchbruchsschlacht bei Ischun.
28. 10.–16. 11. 41	Durchbruchsschlacht auf Kertsch.

28. 12. 41.–18. 1. 42	Kämpfe um Feodosia.
8. 5.–21. 5. 42	Einnahme von Kertsch.
2. 6.–4. 7. 42	Eroberung von Sewastopol.

Beginn der »Operation Blau«

28. 6.–4. 7. 42	Schlacht bei Woronesch.
9. 7.–24. 7. 42	Durchbruch und Verfolgung im Donezbecken.
20. 7.–13. 8. 42	Verfolgung über den unteren Don.
21. 7.–25. 7. 42	Eroberung von Rostow im Straßenkampf und der großen Brücke von Bataisk.
Juli–Sept. 42	Vorstoß der Heeresgruppe A von Rostow über Donez, Kuban, Manytsch auf Noworossisk – Krasnodar – Pjatigorsk – Elbrus und über den Terek auf Mosdok.
9. 8. 42	Maikop wird erobert.
13. 8. 42	Eroberung von Krasnodar.
10. 9. 42	Eroberung von Noworossisk und der Taman-Halbinsel.
18. 8.–18. 11. 42	Kämpfe im Kaukasus, Mosdok – Pjatigorsk – Elbrus.
19. 8.–30. 12. 42	Abwehrschlachten im Terek-Gebiet.
16. 9. 42	16. I.D. (mot.) steht mit Spähtrupps ostwärts Elista dicht vor Astrachan.
31. 12. 42–28. 1. 43	Absetzen auf den unteren Don.
5. 1.–11. 2. 43	Absetzen auf den unteren Kuban.
12. 2.–31. 3. 43	Abwehrkämpfe im Kuban-Brückenkopf.

Vorstoß der 6. Armee auf Stalingrad

20. 7.–16. 8. 42	Kesselschlacht um Kalatsch.
23. 8. 42	16. Panzerdivision (Hube) stößt zur Wolga vor.

IV. Stalingrad

Vorspiel zu Stalingrad

Jan.–April 42	Schlacht im Isjumer Bogen südwestlich Charkow (Balakleja – Slawiansk).
18. 5.–22. 5. 42	3. Panzerkorps (von Mackensen) kesselt russische Kräfte bei Woltschansk nördlich Charkow und bei Kupjansk ein.

28.6.42	6. Armee tritt zu »Operation Blau« aus dem Raum um Charkow an.
4.7.42	Über den Don bei Woronesch.
7.7.42	Rossosch genommen.
13.7.42	Feldmarschall von Bock (Heeresgruppe B) wird durch Generaloberst von Weichs abgelöst.
13.7.42	Hitler dreht 4. Panzerarmee nach Süden auf Rostow ab.
Mitte Juli 42	11. Armee (von Manstein) wird nach Leningrad verladen.
Ende Juli 42	Kesseloperationen bei Stary Oskol und Millerowo ohne Erfolg, da Timoschenko ausweicht in Richtung Stalingrad. 6. Armee stößt auf Stalingrad vor.

Angriff auf Stalingrad

23.8.42	Vorstoß der 16. Panzerdivision (Hube) bis zur Wolga.
31.8.42	Angriff der 4. Panzerarmee (Hoth) von Südosten auf die Stadt.
7.9.42	51. Armeekorps (von Seydlitz) stößt auf den Flughafen Gumrak vor.
2.9.42	Jeremenko weicht der drohenden Umfassung aus und geht auf den Stadtrand zurück. General Lopatin will Stalingrad aufgeben und wird durch General Tschuikow ersetzt.
14.9.–19.11.42	Heftige Kämpfe im Stadtgebiet um den Mamai Kurgan (Höhe 102) – den Getreidesilo – die Brotfabrik – den »Tennisschläger« – das Traktorenwerk – das Hüttenwerk »Roter Oktober« – die Geschützfabrik »Rote Barrikade«.
15.9.–3.10.42	Jeremenko erhält von Stalin sechs Divisionen Verstärkung aus den letzten Reserven.
16.9.42	Die über die Wolga als Verstärkung herangeführte 13. Gardeschützen-Division General Rodimzews wird zerschlagen.
19.11.42	Gegenoffensive der Russen aus dem Raum Kletskaja–Blinow. Die Front der Rumänen wird durchbrochen.
20.11.42	Die russische Gegenoffensive aus dem Raum Beketowka – Krasnoarmeisk durchstößt auch hier den rumänischen Verteidigungsabschnitt. 29. I. D. (mot.) (General Leyser) verhindert Durchbruch der 57. russischen Armee nördlich Sety.
22./23.11.42	Russischer Vorstoß nimmt die Don-Höhen und die Brücke bei Kalatsch im Handstreich.

22./23. 11. 42	Die 6. Armee ist eingekesselt.
27. 11. 42	Feldmarschall von Manstein übernimmt Heeresgruppe Don.
12. 12. 42	Armeegruppe Hoth tritt zum Entsatzangriff von Süden an.
20. 12. 42	Panzerregiment 11 (von Hünersdorff) erkämpft den Myschkowa-Abschnitt bei Wassiljewka ca. 60 km vor Stalingrad.
23. 12. 42	6. Panzerdivision wird wegen Feindeinbruch auf Morosowskaja abgedreht.
24. 12. 42	Hoth muß Entlastungsangriff aufgeben.
14. 1. 43	Die Russen nehmen den Flugplatz Pitomnik.
2. 2. 43	Kapitulation der Reste der 6. Armee.

V. Die Kämpfe am Nordflügel

22. 6. 41	Heeresgruppe Nord tritt zwischen Suwalki und Memel zum Angriff an.
22. 6.–24. 6. 41	Über den Njemen und Einnahme von Kowno.
22. 6.–25. 6. 41	Durchbruch durch die Grenzstellungen in Litauen.
22. 6.–19. 9. 41	»Operation Platinfuchs«, Vorstoß des Gebirgskorps Dietl auf Murmansk.
24. 6.–26. 6. 41	Panzerschlacht an der Dubysa (1. und 6. Panzerdivision).
24. 6.–28. 6. 41	Eroberung von Libau nach Straßenkampf.
26. 6.–29. 6. 41	Dünaburg genommen.
29. 6.–1. 7. 41	Eroberung von Riga.
29. 6.–12. 7. 41	Kämpfe zwischen Düna und Welikaja, Ostrow genommen.
1. 7.–14. 10. 41	Vorstoß des 36. Armeekorps auf Kandalakscha.
7. 7. 41	Pleskau genommen.
2. 7.–5. 7. 41	Durchbruch durch die Befestigungen an der ehemaligen lettisch-russischen Grenze.
11. 7.–4. 8. 41	Schlacht um Dorpat.
8. 7.–9. 8. 41	Durchbruch durch die Stalin-Linie bis zum Ilmen-See.
15. 8.–23. 8. 41	Schlacht bei Staraja Russa. 56. Panzerkorps (von Manstein) zerschlägt 34. russische Armee, rettet 10. Armeekorps.
14. 7. 41	Erkämpfung des Übergangs über die Luga bei Sabsk und Poretschje.
16. 8. 41	Eroberung von Nowgorod.

2. 9. 41	Vernichtung des Luga-Kessels.
8. 9. 41	Beginn des Angriffs auf Leningrad.
September 41	Der Kessel von Oranienbaum.
11. 9. 41	Durchbruch durch die 2. Schutzstellung vor Leningrad.
8. 9. 41	Eroberung von Schlüsselburg.
12. 9. 41	Angriff auf Leningrad eingestellt, Stadt wird abgeschirmt.
8. 11. 41	Eroberung von Tichwin.
8. 12. 41	Aufgabe von Tichwin und Ausweichen über den Wolchow.
13. 1.–20. 1. 42	Beginn des Angriffs der Russen über den Wolchow, Durchbruch bei der 126. und 215. I. D. (der Flaschenhals).
19. 3. 42	Das Gros der 2. russischen Stoßarmee wird an der Erika-Schneise abgeschnürt.
8. 2. 42	Der Kessel von Demjansk.
ab 23. 1. 42	Der Kessel von Cholm.
21. 3. 42	General Wlassow übernimmt die Führung im Wolchow-Kessel.
21. 3. 42	Operation »Brückenschlag«.
21. 4. 42	Befreiung des Kessels von Demjansk.
5. 5. 42	Befreiung des Kessels von Cholm.
Ende Mai 42 bis 26. 6. 42	Vernichtung der russischen Wlassow-Armee im Wolchow-Kessel.

VI. Kaukasus, Kuban, Kertsch

16. 5. 42	Eroberung von Kertsch.
1. 7. 42	Eroberung von Sewastopol.
21. 7.–25. 7. 42	Wiedereroberung von Rostow, Gewinnung der Brücke von Bataisk.
23. 8. 42	Hitler verlegt 11. Armee (von Manstein) nach Leningrad.
20. 7. 42	Übergang über den südlichen Don, Brückenkopf bei Nikolewskaja.
23. 7. 42	Übergang über den Sal.
28. 7. 42	Panzerschlacht bei Martinowka.
Anfang Aug. 42	Vormarsch über Donez, Don, Manytsch durch die Steppe Richtung Kaukasus.
31. 7. 42	Einnahme von Salsk.
3. 8. 42	Einnahme von Woroschilowsk.
9. 8. 42	Erstürmung der Ölstadt Maikop.
13. 8. 42	Einnahme von Krasnodar und Übergang über den Kuban.

12. 8. 42	Elista in der Kalmückensteppe wird genommen.
21. 8. 42	Flaggenhissung auf dem Elbrus.
25. 8. 42	Mosdok nach Straßenkämpfen genommen.
10. 9. 42	Noworossisk erobert.
16. 9. 42	Spähtrupps der 16. I. D. (mot.) dicht vor Astrachan (Sadowska – Senseli).
30. 8. 42	Übergang über den Terek bei Ischerskaja
1./2. 9. 42	und Mosdok.
ab 25. 10. 42	Vorstoß auf Ordschonikidse und das Ölgebiet von Grosnij.
Mitte Nov. 42	Die Kaukasusfront erstarrt.
Dezember 42	Offensive der Russen an der ganzen Südfront.
28. 12. 42	General Badanows 24. Panzerkorps bei Tazinskaja,
1. 1. 43	und 25. Panzerkorps bei Marjewka vernichtet.
25. 1. 43	Schlacht um Manytschskaja, General von Schwerins 16. I. D. (mot.) schlägt Rotmistrows Vorstoß auf Bataisk zurück. Der Flaschenhals bei Rostow bleibt dadurch offen, Rückzug der 1. Panzerarmee durch Rostow.
Ende Dez. 42 bis Ende Januar 43	Absetzen von der Terek-Front, Grosnij – Mosdok, zum Don.
6. 1. 43	Rückzugskämpfe an der Kuma, Soldato – Alexandrowskaja.
Januar 43	Rückzug der 1. Panzerarmee zum Don.
Ende Januar 43	Rückzug der 4. Panzerarmee nach Taganrog, 40. Panzerkorps über das Eis des Asowschen Meeres.
Januar 43	Rückzugskämpfe bei Maikop – Krasnodar.
4. 1.–31. 1. 43	Rückzug der 17. Armee aus dem Kaukasus und dem Kubangebiet auf die Gotenstellung Krasnodar – Taman-Halbinsel.
4. 2. 43	Landungsversuch der Russen in der Osereika-Bucht wird abgewiesen. Russische Landung in der Zemess-Bucht bei Noworossisk, Myschako-Berg. Die Schlacht um das »Kleine Land« dauert von Februar bis November 43.
12. 2. 43	17. Armee räumt Krasnodar.
Februar 43	Rückzug auf den Mius-Abschnitt.
15. 2. 43	Panzerkorps Hausser räumt Charkow gegen Führerbefehl.
Februar 43	Abwehrschlacht am Mius-Abschnitt (Armeeabteilung Hollidt).
19.–28. 2. 43	Mansteins Gegenschlag aus der Nachhand, Panzergruppe Popow wird zerschlagen.

15. 3. 43	Wiedereroberung von Charkow durch Panzerkorps Hausser.
18. 3. 43	Bjelgorod wiedererobert durch SS-Panzerkorps.
Ende März 43	Russische Offensive der Heeresgruppe Watutin ist gescheitert, deutsche Südfront steht wieder.

VII. Unternehmen »Zitadelle«

4. 7. 43	4. Panzerarmee nimmt westlich Bjelgorod den Höhenrücken von Jachontow – Strelezkoje – Butowo – Gerzowka.
5. 7. 43	Beginn des Angriffs bei der 9. Armee (Model) südlich Orel von Norden in den Kursker Bogen und der 4. Panzerarmee und Armeeabteilung Kempf von Süden aus dem am 4. 7. erkämpften Höhengelände. Heftige Kämpfe um Buturki – Höhe 253,5 – Olchowatka – Höhe 247 – Teploje – Höhe 272. Schwere Kämpfe um Tscherkasskoje Korowino. Massierter russischer Luftangriff auf die deutschen Flugplätze hinter der Front wird durch 8. Fliegerkorps (Seidemann) vernichtend abgewehrt.
8. 7. 43	Panzerjägergruppe des Schlachtgeschwaders 9 vernichtet aus der Luft eine russische Panzerbrigade und mehrere Schützenbataillone.
11. 7. 43	4. Panzerarmee (Hoth) stößt auf Prochorowka durch.
12. 7. 43	Panzerschlacht bei Prochorowka.
13. 7. 43	Kämpfe um den Donez-Übergang bei Rschawez – Alexandrowka. 9. Armee (Model) kann zur geplanten Durchbruchsschlacht nach Süden (nördlich von Kursk) nicht antreten, da die Russen bei Orel in seinem Rücken tiefen Einbruch erzielten. Lagebesprechung der Befehlshaber im Führerhauptquartier.
17. 7. 43	Abbruch des Unternehmens »Zitadelle«. Rückzug auf die Ausgangsstellung. Die Russen stoßen stürmisch nach.

VIII. Verbrannte Erde

5. 8. 43	Bjelgorod und Orel von den Russen zurückerobert.
21. 8. 43	Angriff von Rotmistrows 5. russischer Garde-Panzerarmee auf Charkow wird abgeschlagen.

22. 8. 43	Manstein befiehlt Räumung Charkows.
6. 9. 43	Sowjetischer Durchbruch an der Südfront durch die »Schildkröten-Stellung«. Kampf um Stalino und Mariupol.
15. 9. 43	Rückzug hinter Dnjepr und Desna. Verbrannte Erde.
22. 9. 43	Russischer Brückenkopf am Dnjepr bei Grigorowka und Bukrin.
24. 9. 43	Fallschirmjägereinsatz der Russen im Raum Grigorowka – Dudari – Bukrin wird durch 24. Panzerkorps (Nehring) vernichtet.
14. auf 15. 10. 43	Kraftwerk und Staudamm Saporoschje werden gesprengt.
3. 11. 43	Armeegeneral Watutin gliedert seine Heeresgruppe nach Norden gut getarnt um und stößt überraschend vom Brückenkopf Ljutesch auf Kiew vor.
6. 11. 43	Kiew von den Russen zurückerobert.
7. 11. 43	General Rybalko erobert im Rücken der Heeresgruppe Süd Fastow und Schitomir.
12. 11. 43	
November 43	Gegenstoß des 48. Panzerkorps stoppt russische Offensive im Raum Fastow und Schitomir.
27. 9.–23. 10. 43	Kampf um die »Wotan«-Stellung (Melitopol).
23. 10. 43	Tolbuchin nimmt Melitopol.
Ende Oktober bis Anfang Nov.	Zurückkämpfen der 6. Armee auf den Dnjepr. Die Landzugänge zur Krim sind verloren.

IX. Die Front bricht

28. 1.–17. 2. 44	Kesselschlacht von Tscherkassy. Schwere Kämpfe um Swenigorodka – Korsun – Komarowka – Nowo Buda – Höhe 239. Ausbruch von Schanderowka auf Lissjanka über den Gniloi Tikitsch.
16. 3.–6. 4. 44	Der Hube-Kessel im Raum Uman – Winniza – Kamenez Podolsk. 1. Panzerarmee und Teile der 4. Panzerarmee eingeschlossen.
25. 3. 44	Manstein zum Vortrag auf dem Berghof. Hitler genehmigt Ausbruch.
29. 3. 44	Beginn der Ausbruchsschlacht. Hube bricht nach Westen durch die Russen über die Strypa durch.
29. 3. 44	Marschall Schukow erobert Tschernowitz im Rücken der 1. und 4. Panzerarmee.

30. 3. 44	Manstein wird durch Model ersetzt.
20. 4.–12. 5. 44	Die Schlacht auf der Krim.
9. 5. 44	Sewastopol wird geräumt.
13. 5. 44	Endkampf der Krim-Armee.
22. 6. 44	Beginn der Generaloffensive der Russen gegen Heeresgruppe Mitte.
27. 6. 44	Die »Festen Plätze« Witebsk – Orscha – Mogilew und Bobruisk eingeschlossen, Orscha erobert.
27. 6. 44	Witebsk kapituliert.
3. 7. 44	Die Russen in Minsk.
4. 7. 44	Ein Drittel der Besatzung von Bobruisk kämpft sich zurück.
8. 7. 44	Baranowitschi von den Russen erobert.
Ende Juli 44	Die deutsche Front ist zersprengt, Korps und Divisionen schlagen sich einzeln nach Westen durch – »Wandernde Kessel«. Die Russen an der Weichsel und der ostpreußischen Grenze. Der Kampf ums Reich beginnt.

Die Hinweise bei den Bilderklärungen:
Dazu UNTERNEHMEN BARBAROSSA
oder:
Dazu VERBRANNTE ERDE
(mit Seiten- und Kapitelangabe)
beziehen sich auf die beiden Textbücher
von Paul Carell:
UNTERNEHMEN BARBAROSSA
Der Marsch nach Rußland
und
VERBRANNTE ERDE
Schlacht zwischen Wolga und Weichsel

Der Rußlandkrieg

Fotografiert von Soldaten

I.
Blitzkrieg und Kesselschlachten
Ziel ist die Linie Astrachan–Archangelsk

Sie sind schon über den Bug und stoßen der Beresina zu. An den Fahrzeugen ein weißes G, das taktische Zeichen der Panzergruppe Guderian. Noch sieht alles wie Manöver aus, wie Blitzkrieg und Blitzsieg; der Krieg war ja noch blutjung, als Dr. Türk diese Aufnahme machte. So war es, so sahen es unzählige Soldaten. Denn wie hier die Vorausabteilung der 3. Panzerdivision südlich Brest-Litowsk, so gingen am 22. Juni 1941 überall an der 1600 Kilometer langen Front Panzertruppen und Infanterie über die Grenzflüsse und brachen durch die Grenzbefestigungen der deutsch-russischen Demarkationslinie. Innerhalb von acht Wochen wollte Hitler die Linie Astrachan–Archangelsk erreichen.

> Berlin, 22. Juni. Das Oberkommando der Wehrmacht gibt bekannt:
> An der sowjetrussischen Grenze ist es seit den frühen Morgenstunden des heutigen Tages zu Kampfhandlungen gekommen.
> Ein Versuch des Feindes, nach Ostpreußen einzudringen, wurde unter schweren Verlusten abgewiesen. Deutsche Jäger schossen zahlreiche rote Kampfflugzeuge ab.

Straßen und Brücken – das A und O des Vormarsches.
Ein sowjetischer Gegenangriff mit leichten Panzerkampfwagen auf der Rollbahn nach Minsk wird von Panzerjägern abgewehrt • Ein Stoßtrupp der pommerschen 122. Infanteriedivision liegt im feindlichen Abwehrfeuer an der Memel fest. Eine Stunde später rollt der Nachschub über die unversehrte Brücke.

Die schnellen Truppen bestimmen das Tempo.
Panzerkolonne hinter Panzerkolonne rollt ostwärts: Klotzen, nicht kleckern, ist die Parole. 3580 Panzer treten an • Bei Tauroggen geht General Kirchners 1. Panzerdivision über die Jura, einen Nebenfluß der Memel. Das Ziel der Heeresgruppe Nord ist Leningrad • Dazu UNTERNEHMEN BARBAROSSA, Seite 195–209.

Ein Zugmelder

Schütze Lothar Mallach   Fhj.Gefr. Dieter Prill † 1941   ›Der Blaue‹   Gefr. Hans Müller   Ogfr. Robert Schmidt † 1941

Und so marschiert die Infanterie.
In glühender Sonne, hinter dem Panzerblitz, über staubige Nebenwege in das unendliche Land. »Der siebente bin ich«, schrieb Lothar Mallach aus Düsseldorf zu diesem Foto. Es zeigt die 1. Kompanie Infanterieregiment 410 südlich Kowno.

Uffz. Pawendenat
† 1941

Die ersten Gefangenen.
Vom Artillerieschlag zermürbt, heben sowjetische Grenztruppen die Hände. Verstört blicken die Männer in die Kamera. Ein Teil der Besatzung von Brest–Litowsk wurde vom Angriff im Schlaf überrascht • Die Rotarmisten stürzten im Unterzeug an ihre Kampfstände. Zu spät! Um 4 Uhr 30, fünf Viertelstunden nach Kriegsbeginn, gehen sie in Gefangenschaft • Auch für einen Nachschubfahrer endet die Reise kurz nach Sonnenaufgang bei den deutschen Vorausabteilungen • Der Kommandeur einer überrollten Fliegerdivision hadert mit seinem Geschick (rechts unten) • Dazu UNTERNEHMEN BARBAROSSA, Seite 11–14.

Я умираю, но не сдаюсь! Прощай Родина. 20/VII-41

Das Bild der Kesselschlachten.
Lange Gefangenenkolonnen ziehen nach Westen • Der Oberbefehlshaber der 6. sowjetischen Armee, Generalleutnant Musytschenko gefangen (rechts oben) • Aber schon werden die ersten Zeichen eines fanatischen Widerstandes sichtbar, wie eine Inschrift in einer Kasematte der Festung Brest-Litowsk zeigt: »Ich sterbe, aber ergebe mich nicht. Lebe wohl, Heimat. 20.7.1941« – das war drei Wochen nach dem Fall der Festung • Stalins Sohn Josef, Oberleutnant im Artillerieregiment 14, wurde am 19. Juli gefangen. »Meine Division wurde idiotisch geführt«, sagte er bei seiner ersten Vernehmung (rechts unten). Er war ein besonnener und selbstbewußter Offizier. Sein Schicksal ist unbekannt.

Der Blitzkrieg hat viele Gesichter.
Deutsche Nebelwerfer im Kampf gegen eine feindliche Bunkerlinie. Die Pulverraketen-Geschosse vom Kaliber 15 cm hatten ein Gewicht von 35 Kilo, die Splitterwirkung erstreckte sich auf einen Umkreis von hundert Meter • Sowjetische Tiefflieger vom Typ Rata jagen Kradmelder der 4. Panzerdivision auf der Straße Bobruisk–Stary Bychow • Ein MG-Trupp macht Stellungswechsel.

Sieger werden immer gefeiert.
Riga, die Hauptstadt Lettlands, fällt am 1. Juli 1941 in deutsche Hand. Schnelle Truppen des ostpreußischen 1. Korps stürmten die Stadt und schnitten den aus Kurland zurückflutenden Sowjetarmeen den Rückweg ab. Harter Kampf an den Brücken • Riga brennt.
46/47

Ich hatt' einen Kameraden...
Nach dem Sprung über die Düna begraben die Niedersachsen der 19. Panzerdivision ihre Toten in einem Sammelgrab • Die Verwundeten werden zum Verbandsplatz gebracht.

Mit Fernglas und Karte.
Marschall Schukow, 1941 noch Generaloberst (links oben), Stalins Mann der ersten Stunde, improvisierte die Verteidigung Moskaus • Generaloberst Hoepner, Befehlshaber der Panzergruppe 4, blickt von den Duderhofer Höhen auf das zum Greifen nahe Ziel Leningrad (links unten) • Generaloberst Guderian, Schöpfer und Seele der deutschen Panzerwaffe, während der Schlacht um Smolensk. Seine Devise: Die Panzertruppe wird vorn geführt.

Feldmarschall Walter Model.
Ein Meister der Verteidigungsstrategie. Im Sommer 1941 als Generalleutnant Kommandeur der 3. Panzerdivision. Hier mit seinem vorgeschobenen Gefechtsstand hinter dem Dnjepr südlich Mogilew.

Feldmarschall Erich von Lewinski, gen. von Manstein.
Zuerst am Nordflügel Kommandierender General des 56. Panzerkorps, das Dünaburg nach einem legendären Panzerraid nahm; dann als Armeeführer mit der 11. Armee an den Brennpunkten des Rußlandkrieges eingesetzt; zeitweilig Oberbefehlshaber der halben Ostfront; bedeutendster Stratege des Zweiten Weltkrieges. Hier mit General Breith auf dem Gefechtsstand des 3. Panzerkorps südlich Bjelgorod während der Kursker Schlacht im Juli 1943.

Die Angriffsgruppe ist schon über den Fluß. Leutnant Herbert Adam fotografierte die Pionierbrücke bei Orscha über den Dnjepr, während sich seine 5. Panzerdivision zum Stoß in Richtung Wjasma bereitstellte • Ein schweres Infanteriegeschütz kämpft feindliche Schützenstellungen nieder • Fast jeder Soldat hatte in den ersten Kriegswochen eine Begegnung mit drei bekannten sowjetischen Waffen: (von oben nach unten) die ›Nähmaschine‹, auch I. v. D. (Iwan vom Dienst) genannt, ein primitives sowjetisches Allzweckflugzeug • Der einsitzige Rata-Jäger mit seinen zwei MG • Der mächtige KW 2, ein 52-Tonnen-Panzer mit einer 15,2-cm-Kanone.

Gefährliche Wochen.
Der Kampf um den Dnjepr brachte den ersten wirksamen Widerstand der Sowjets. Besonders gefährlich waren sowjetische Baumschützen, die mit Vorbedacht die Offiziere aus den angreifenden deutschen Einheiten herausschossen. Der Kompanieführer war der gefährdetste Mann • Rechts: Harter Kampf in den Dörfern ostwärts des Dnjepr kennzeichnete den sowjetischen Widerstand. Von oben nach unten: Ein Spähwagen. Ein Schützenpanzerwagen. Panzer III mit 3,7-cm-Kanone.

Infanterieangriff.
Als Gerhard Tietz nach dem Sprung über den Dnjepr bei Mogilew auf den Auslöser seiner Kamera gedrückt hatte, feuerte plötzlich eine feindliche Pak aus kürzester Entfernung. Sie stand in dem Gebüsch hinter dem hellen Sandfleck. Minuten später war sie von den Infanteristen ausgehoben (rechts) • Um die selbe Zeit erfochten die Grenadiere der 19. Panzerdivision den Übergang über die Düna und bahnten der Division den Weg nach Welikije Luki. Unten v. l. n. r.: MG-Trupp vom Panzergrenadierregiment 73 bei Dzisna • Panzergrenadierregiment 74 im Kampf um Newel • Granatwerfertrupp geht in Stellung.

Bobruisk

Orel

Städte am Wege des Krieges.
Wie viele deutsche Soldaten sind über ihre Straßen und Brücken gegangen? In die Schlacht, aus der Schlacht. Vorwärts und dann wieder zurück. Bobruisk, die Stadt an der Beresina. Orel, die Gebietshauptstadt an der Oka. Das ländliche Bolchow, Verkehrsknotenpunkt zwischen Orel und Belew. Das schöne Smolensk zu beiden Seiten des oberen Dnjepr mit seiner alten Stadtmauer aus dem 16. Jahrhundert.

60/61

Smolensk

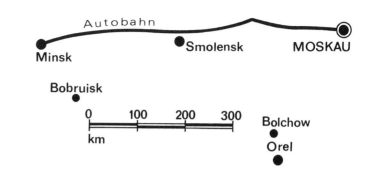

Bolchow

Blick hinüber zum Fenster.
Auf dem Rücken das Sturmgepäck: Zeltplane und Kochgeschirr. Die Gasmaske klappert am Schaft des Gewehrs. Der Regen ist da, und der Schlamm.

Schlamm und Schnee.
Niemand weiß, was Schlamm ist, wer nicht Rußlands Straßen im Herbst oder im Frühjahr erlebt hat. Der Staub, der Schlamm und der Schnee sind jedem Soldaten unvergeßlich • Rechts oben: Die Kathedrale von Smolensk nach dem ersten Schnee des Jahres 1941 • Unten: 29 Grad unter Null im Raum Moschaisk – da braucht der Kradfahrer ein Benzinfeuer, um das Sanitäts-Krad in Gang zu bringen. Der Pferdeschlitten im Hintergrund kennt diese Sorgen nicht.

An der Rollbahn nach Moskau.
»Hauptstraße von Gschatsk im Abendlicht« schrieb Hauptmann Salchow auf dieses DIA (links oben) • Auch Alfred Tritschler reizte das Spiel der abendlichen Wintersonne auf dem Holz des kleinen Klosters in Wjasma (unten links) • Die Kathedrale in Smolensk war ein Wallfahrtsort für Soldaten und Offiziere • Feldmarschall von Kluge trat am 19. Dezember 1941 an die Spitze der Heeresgruppe Mitte und führte die Abwehrschlacht vor Moskau.

Krieger und Bekriegte.
Ein ukrainisches Dorf sieht Ende August 1941 die ersten deutschen Soldaten • Ein Trupp Gefangener der ›Moskauer Panzerjägerkompanie‹, eine Spezialeinheit der Roten Armee, die mit Minenhunden ausgerüstet war. Die Hunde trugen eine Sprengladung auf dem Rücken, welche durch den hochragenden Stift zur Explosion gebracht wurde, wenn das Tier unter einen Panzer kroch. Dazu UNTERNEHMEN BARBAROSSA, Seite 118–120.

Es geht wieder los.
Die Feuerwalze der Artillerie rollt feindwärts über die eigene Stellung • Unten: Auf geht's! Schütze 2 und 3 mit den Munitionskästen, dahinter Schütze 1 mit dem MG. Ein Panzer IV gibt Feuerschutz • Unten links: Vorsicht, feindliche Artilleriestellung • Rechts: Eingraben, das heißt im Liegen unter Beschuß ein Schützenloch buddeln.

Auf dem Wege nach Romny.
Die Panzerdivisionen, die Moskau nehmen sollten, wurden Anfang September nach Süden abgedreht, zur Kesselschlacht um Kiew. Schützenpanzerwagen mit aufgebauter 3,7-cm-Pak (oben links) und ein Panzerjäger, 4,7-cm-Kanone auf Selbstfahrlafette (oben rechts) auf dem Gefechtsfeld vor Romny • Linke Seite: Das Dorf wird genommen. Vorsicht! Was ist in der Scheune? • Die Dorfschulklasse wird Quartier.

Über die staubigen Straßen der Ukraine.
Endlos das Land. Zerfahren die Wege. Staub hüllt die Kolonnen ein • Die Feldflasche ist unentbehrlich • Aus Tümpeln und Bächen wurde mit Hilfe fahrbarer Filtrieranlagen klares gesundes Trinkwasser gemacht • Der Ziehbrunnen in den ukrainischen Dörfern war wie eine Oase.

Der Mut des Mannes.
Ein Bunker und eine Panzerkuppel werden geknackt.
Von links nach rechts: Angriff mit dem Flammenwerfer •
Geballte Ladung rein und weiter geht's an den rauchenden Trümmern vorbei.

Die erste Zigarette.
Nach dem Gefecht bei Leningrad (links) • Nach der Gefangennahme bei Uman • In der Marschpause einer Vorausabteilung in Lettland (unten) • Rechts: Der Spieß mit der Sonderzulage für Fronteinsatz: Zigaretten, Zigarren und Drops.

Gschatsk

Wjasma

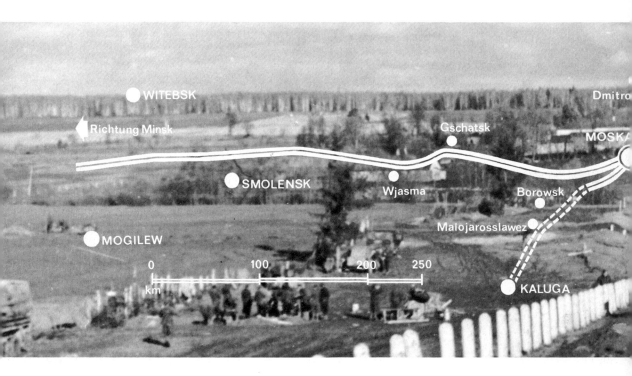

Mogilew

Borowsk

Dmitrow

Rollbahn nach Moskau

Malojaroslawez

Auf dem Wege nach Moskau.

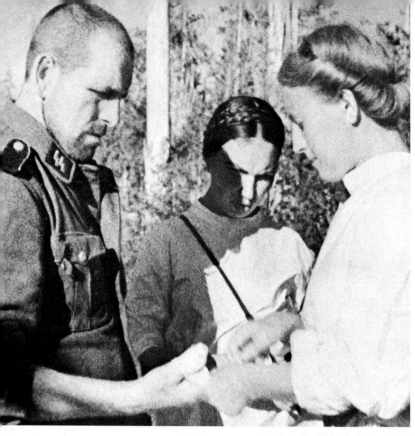

Die Frau auf der anderen Seite.
Feldscherin und Schwester verbinden einen deutschen Gefangenen der Waffen-SS • Unten: Gefangene Tankistin • Eine verwundete sowjetische Nachrichtenhelferin mit Durchschuß durch Brust und Rücken wird von einem sowjetischen Sani verbunden • Rechte Seite: Hauptmann Engelin, Schützenregiment 3, spricht mit gefangenen weiblichen Offizieren • Gefangene russische Stabshelferinnen.
82/83

Der Marschall, der Stalin so ähnlich sah.
S.M. Budjenny war der Feldherr ohne Fortune. Er wurde bei Uman geschlagen und seine Heeresgruppe in der Kesselschlacht um Kiew vernichtet. Auf unserem Foto (oben): Budjenny mit General Batow auf dem Gefechtsstand der 65. Armee • Links: Dem Kessel entronnen • Unten: Stoßtrupp im Angriff.

Eine Orgie von Schlamm.
Zugebundene Stiefel • Der Munitionsträger auf beschwerlichem Pfad • Kradmelder auf der Fahrt zur Fernsprechstelle der 197. I.D. • Infanteristen mit Packwagen bei Malojaroslawez auf der Zubringerstraße zur Rollbahn nach Moskau.

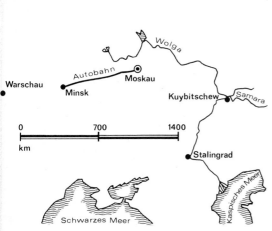

Im belagerten Moskau.
Stalin hält am 6. November 1941 in der Moskauer U-Bahn-Station Majakowski seine berühmte Durchhalterede (oben und unten rechts) • Auf dem Roten Platz findet am 7. November eine Truppenparade statt (unten links) • Die deutsche Fernaufklärung aber fotografierte in jenen Tagen den Flugplatz von Kuybitschew — das Ausweichquartier der Sowjetregierung — mit Stalins startbereiter Reisemaschine samt Jagdschutz (rechts).

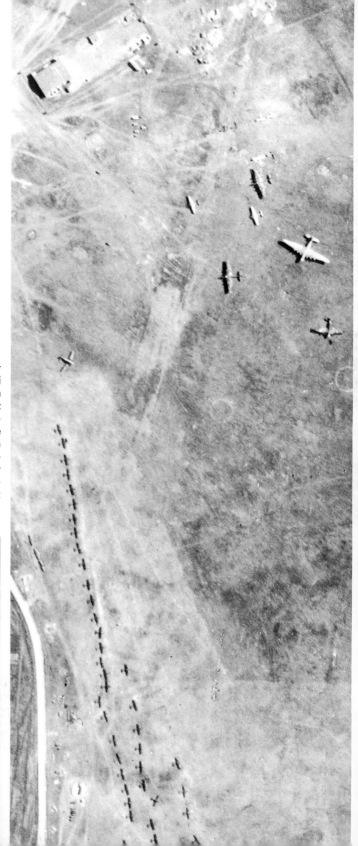

Scheinanlage KREML?

Noch hundert Kilometer bis Moskau.
Die 10. Panzerdivision fährt Mitte Oktober am historischen Ehrenmal von Borodino vorbei, 110 km westlich Moskau • Die 5. Panzerdivision an ihrem Wegweiser: Noch 100 km! • Von der Waldstellung vor Moschaisk an der alten Moskauer Poststraße fotografierte Hauptmann Salchow den Blick über die Stadt, 95 km vor Moskau • Die Luftaufnahme von der sowjetischen Hauptstadt zeigte bei der Auswertung einen interessanten Tatbestand: Bei der Trabrennbahn, 4,3 km nördlich vom Kreml, liegen viele Bombeneinschläge. Warum? Die deutschen Bomber verfehlten den Kreml, der durch Dachbemalung und künstliche Häuser auf dem Roten Platz gut getarnt war, und hielten die Trabrennbahn für Stalins Residenz.

II.
Vor Moskaus Toren
Sibirische Kälte und sibirische Regimenter

Als Asmus Remmer am 1. Dezember 1941 diese Aufnahme machte, zeigte das Thermometer in diesem Dorf vor Moskau 36 Grad unter Null. Vierzehn Tage zuvor hatte bei mildem Winterwetter mit leichtem Frost die deutsche Offensive begonnen, in deren Sturm die sowjetische Hauptstadt fallen sollte. Doch kurz vor dem Ziel betrat ›General Winter‹ die Szene. Sibirische Kälte zog über das Land. Das hatte die deutsche Führung in ihren Blitzkrieg-Fahrplan nicht einkalkuliert. Die Truppe besaß keine Winterkleidung und kein Winteröl für Waffen und Fahrzeuge. Stalin aber warf winterfeste sibirische Regimenter in Eiltransporten aus dem Fernen Osten an die Front, weil er seinem Meisterspion Sorge glaubte, daß die Japaner die Sowjetunion nicht angreifen würden.

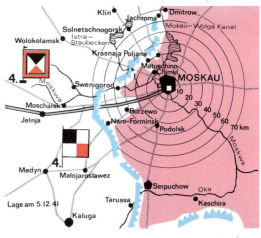

Im eisigen Ostwind.
An einem eiskalten Sonntagmorgen gehen die Soldaten der 208. I. D. bei Schisdra zum Gottesdienst • Ein Sturmgeschütz auf Sicherung • Meterhohe Schneemassen, die im Schneesturm geräumt werden mußten, machten das Leben zur Hölle.

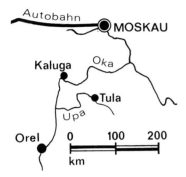

Von Süden gegen Moskau.
Guderians 2. Panzerarmee sollte sich den Zugang nach Moskau von Süden her erzwingen. Bei Truschkina nahe Tula fahren am 19. November Panzer des 24. Panzerkorps im Frühdunst durch die Upa und stoßen an Tula vorbei nordwärts. Gerhard Tietz schoß dieses historische Foto. Wird der Raid zur Moskwa gelingen? Dazu UNTERNEHMEN BARBAROSSA, Seite 136–149.

Panzer gegen Tula.
Durch Bemalung mit Kalkfarbe notdürftig getarnt, versuchen Guderians Panzer den sowjetischen Sperriegel um Tula zu durchbrechen • Täglich schneit es. Immer winterlicher wird das Land.

Der Sprit geht aus.
Eiskalt ist es in den Panzern. Immer häufiger müssen die Besatzungen Marschpausen einlegen, um sich aufzuwärmen (links) • Man ist an Tula vorbei. Bolochowka mit seinen bedeutenden Erzgruben ist erreicht (rechts) • Aber dann fehlt der Sprit. Und der sowjetische Widerstand wird immer stärker. Sammeln. Warten.

Am wärmenden Feuer.
Das Leben unter freiem Himmel bei 30 Grad Kälte wird auf seine elementaren Dinge reduziert. Dabei spielt das Feuer, wie in Urzeiten der Menschheit, die Hauptrolle. Ohne Feuer war der Soldat in der klirrenden Kälte verloren. Von l. n. r.: Posten an einer Fabrikwand in Istra • Ein Biwakfeuer auf freiem Feld weckt die Lebensgeister • Und die Artilleristen wärmen sich die klammen Finger am ständigen Feuer neben ihrer 10,5-cm-Haubitze • Soldaten der III. Abteilung Artillerieregiment (mot) 19 im hartumkämpften Raum südlich Naro Fominsk. In der Mitte Oberleutnant Porzig.

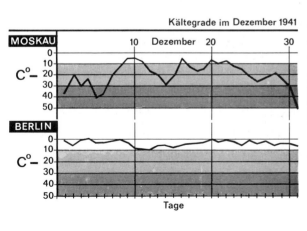

Kältegrade im Dezember 1941

41 Grad unter Null.
Und noch immer keine Winterbekleidung. Die Soldaten ziehen alles an, was sie haben, darüber die Sommermäntel. Statt einer Pelzmütze ein dünner Kopfschützer unter dem Krätzchen oder dem eiskalten Stahlhelm. Am schlimmsten aber sind die nagelbeschlagenen Knobelbecher, in denen man schnell die Füße erfriert. Die Männer basteln sich Schuhe aus Stroh.

Meterhoher Schnee.
Auch für die Pferde war der Winter vor Moskau die Hölle. Die Pferdegespanne waren das einzig funktionierende Transportmittel zur Versorgung der Truppe. Die Tiere mußten bis zum Erschöpfungstod eingesetzt werden. Die Fotos demonstrieren, mit welchem Mangel an Vorsorge das deutsche Oberkommando die Divisionen der Heeresgruppe Mitte in die Winteroffensive gegen Moskau schickte.

Kehraus für die Front.
Wollsachen, Pelze, Skier – alles was den Soldaten in Rußland fehlte, wurde in der Heimat gesammelt und an die Front geschickt. Ein rührendes Opfer, aber praktisch ohne Effekt • Rechts unten: Kleidungsstücke aus der Wollspende treffen bei der 122. I.D. ein.

Volk ans Gewehr.
Auch in Moskau wird die Zivilbevölkerung mobilisiert. Arbeitermilizen werden gebildet und verabschieden sich von ihren Familien zur Fahrt in die nahen Kampfabschnitte (links), wo sie eingekleidet, bewaffnet und eingesetzt werden (rechts oben) • Doch die Verluste der tapferen, aber kampfungewohnten Verbände sind schwer (rechts unten) • Schnell errichtete Panzersperren vor der Stadt sollen die deutschen Panzer aufhalten • Dazu UNTERNEHMEN BARBAROSSA, Seite 158–159.

Die Feinde des deutschen Panzers.
Die russische Abwehr vor Moskau wurde von Tag zu Tag wirksamer. Der Rotarmist benutzte zwar noch immer den primitiven Molotow-Cocktail, die Benzinflasche mit einer Zündschnur (links unten) • Aber er brachte jetzt seine wirksamen Panzerbüchsen-Bataillone zum Einsatz (rechts unten) • Die gefährlichste Waffe jedoch war die Ratsch-Bumm, das 7,62-cm-Allzweckgeschütz (rechts oben) • Bei Ilinskoje an der Moskauer Schutzstellung verlor die 19. Panzerdivision eine ganze Kompanie durch sowjetische Ratsch-Bumm (oben). Siehe dazu auch UNTERNEHMEN BARBAROSSA, Seite 130–132.

Die Sibirier kommen.
In wärmenden Wattejacken, mit Pelzkappen und Filzstiefeln stürmen und robben die wintertrainierten sibirischen Regimenter aus dem Fernen Osten gegen die deutschen Angreifer vor Moskau (rechts oben und links unten) • Stalinorgeln schlagen mit ihren heulenden Raketensalven den Sibiriern den Weg • Hinter ihrem leichten MG, noch immer in Sommermänteln, eine deutsche Nachhut im Raum Burzewo.

Mit gezogenem Säbel.
So griff das Kosakenkorps Dowator am 17. Dezember 1941 über die Rusa an, um die deutsche Front des 9. Korps an der Rollbahn vor Moskau zum Einsturz zu bringen (oben) • Als MG-Schütze einer Kampfgruppe der 20. Panzerdivision knipste Josef Bange dieses Foto von der Abwehr der Kosakenattacke (links). Im Schnee der zugefrorenen Rusa fegen die Geschoßgarben • Das Eis ist bedeckt mit Gefallenen • Auch südlich der Rollbahn stehen deutsche Kampfgruppen in schweren Abwehrkämpfen gegen sowjetische Frontdurchbrüche (rechts). Siehe dazu auch: UNTERNEHMEN BARBAROSSA, Seite 288–292.

Ein Dorf wird Front.
Evakuierung, Vertreibung, Flüchtlinge – drei Begriffe aus der Apokalypse des 20. Jahrhunderts. Auch die ärmste Hütte ist Heimat. Aus ihr vertrieben zu werden, gehört zu den schwersten Schicksalsschlägen. Lomny war ein Dorf im Raum Korowino.

Gegenschlag an allen Fronten.
Überall vor Moskau rollt die sowjetische Gegenoffensive: Im Raum Kaluga (oben links) • Bei Kalinin an der oberen Wolga (oben) • Und an der Leningrader Front • Bei Tula stoppt General I. W. Boldin mit seiner 50. Armee die Panzer Guderians. Der deutsche Blitz ist gebrochen. Dazu UNTERNEHMEN BARBAROSSA, Seite 149–174.

Rückzug.
Der Russe stürmt gegen die erschütterte deutsche Front (unten) • Deutsche Nachhuten verzögern seinen Vormarsch und decken den deutschen Rückzug • Aber was für ein Rückzug: Brennende Häuser und defekte Lastwagen säumen die Straßen, auf denen sich die Divisionen westwärts quälen, wie auf unserem Foto im Raum Tula-Orel (oben und Mitte) • Die Rollbahnen sind zu Eisbahnen geworden. Statt Sand wird Heu gestreut, das aber der Wind davonträgt.

Das tägliche Brot des Soldaten.
Im deutschen Heer gab es keine Verpflegungsunterschiede. Anders als bei der Roten Armee waren die Grundnahrungsmittel für alle gleich – ob Schütze oder General. Oben: Blutwurst-Stilleben beschriftete Klaus Pein dieses Foto • Eine Schlächterei-Kompanie gehörte zu jeder Division • Die Feldküche, schlicht ›Gulaschkanone‹ genannt, war mit ihrem feuerbeheizten Kochkessel, dem Wasserspeicher, der Bratpfanne und der Wärmeplatte simpel, aber gerade dadurch in der Lage, dicht an der Front zu arbeiten.

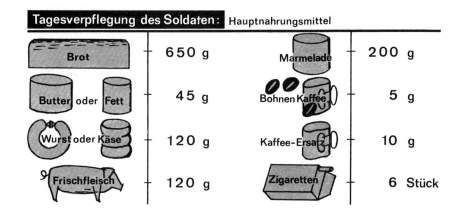

Was tut sich im Dorf?
Hitler ist präsent, wenn auch nur auf dem Plakat. Vor ihm war Stalin präsent, in seinem blumengeschmückten Verehrungswinkel • Da ist die Ankunft der deutschen Dreschmaschine für die Bauern – hier im berüchtigten Katyn – realer • Und die Landverteilung – hier im Raum Kursk-Orel – auch. Aber sichtbar bleibt immer das Gewehr.

III.
Der Sturm am Südflügel
Über die großen Flüsse Richtung Kaukasus und Stalingrad

Mächtige Ströme ziehen durch Rußlands Weiten nach Süden, den Meeren zu. Über Dnjestr, Bug und Dnjepr fegte Hitlers Blitzkrieg programmgemäß hinweg. Auf die Krim! Über den Mius! Aber dann stoppte Ende 1941 der sich formierende sowjetische Widerstand den Vormarsch des deutschen Südflügels. Der untere Don wurde zur Wasserscheide des Sieges. In Rostow brach sich der deutsche Sturm. Deshalb verschob Hitler die Entscheidung auf das Jahr 1942: Die Operation ›Blau‹ sollte im Süden den Sieg bringen. Unsere Aufnahme zeigt den unteren Don mit seinem breiten, bewaldeten Flußtal in der Nähe von Konstantinowskaja. Im Vordergrund Rasdorskaja. Hier gingen im Sommer 1942 viele deutsche Divisionen über den Fluß und zogen dem Kaukasus zu.

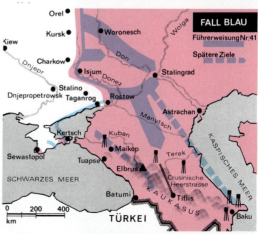

Mütterchen Rußland.
Jeder Flußübergang, jeder Schritt weiter nach Osten war ein Schritt über die Schwelle der russischen Unendlichkeit. Das Haus der Bäuerin in einem Dorf nahe Newel (links) stand schon, als Napoleon nach Moskau marschierte • Im Kampfraum der Heeresgruppe Süd zogen Deutschlands Armeen über den Pruth (oben), über Dnjepr und Don.

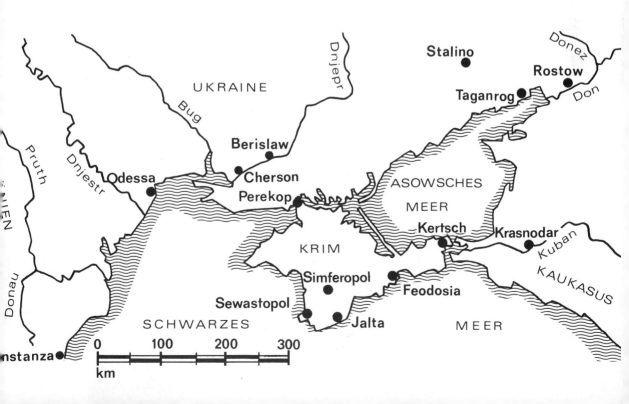

BESSARABIEN

Unguri

132/133

In die Boote.
Flüsse sind keine unüberwindlichen Hindernisse mehr. Mit der Präzision eines Uhrwerkes wurden sie überwunden, auch wenn die Brücken gesprengt waren. Die Truppe besaß Instruktionsfotos mit eingezeichneten Feindstellungen (oben) (E = Achtung – Feindbunker im Flußhang mit Kasematten) • Divisionen der 11. Armee überschreiten den Dnjestr. Gut getarnt warten die Infanteristen und Pioniere, bis der Befehl kommt: In die Boote (rechts) • Die Floßsäcke fassen zwölf Mann.

ew-Podolsk   E   PODOLISCHE PLATTE   Bronita

Über den Dnjepr.
Bis zu dreieinhalb Kilometer breit ist der zweitgrößte Strom Osteuropas. Als ihn die deutschen Grenadiere am 10. und 11. Juli 1941 überschritten, wußten sie nicht, daß sie den Fuß über den Schicksalsfluß des Krieges setzten • Dazu UNTERNEHMEN BARBAROSSA, Seite 67–80.

Abziehende Rotarmisten hatten einen salutierenden Knochenmann aus einem Gymnasium von Cherson am Wege aufgestellt – als drohenden Gruß für die anrückenden Deutschen. Die Landser lachten und ließen Freund Hein stehen • Achtundvierzig Stunden später wurde der Salut des Todes ernst: Die Vorausabteilung Janus begräbt ihre Gefallenen • Eine 8,8-cm-Granate hat den Verpflegungs-Lkw der Sowjets getroffen, und Walter Hackl schrieb auf dieses Foto: »Habe Tod und Brot geladen.« (Rechts unten.)

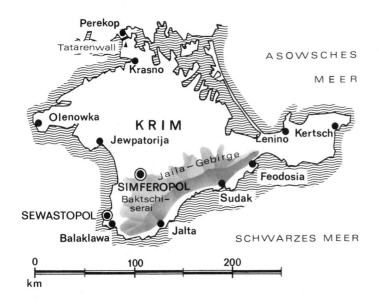

Der Kampf ums Paradies.
»Wer die Krim hat, beherrscht das Schwarze Meer und bestimmt die Politik der Türkei«, das war die operative Maxime für Hitlers Versuch, im Spätsommer 1941 den Zugang zur Krim im Handstreich zu nehmen. Er mißlang. Die deutschen Angriffsgruppen der 11. Armee lagen am Eingang zum Paradies bei Perekop und am Panzergraben des Tatarenwalls fest. Die Skizze demonstriert die Bedeutung der Türkei in Hitlers Strategie der großen ›Ölzange‹ gegen Kaukasus und den Vorderen Orient • Dazu UNTERNEHMEN BARBAROSSA, Seite 241–252.

Kradschützen vor.
Die Husaren der motorisierten Divisionen fanden am Südflügel ideales Kampfgelände. Am Beiwagen das springende Pferd, Divisionszeichen der 24. Panzerdivision, jagt das Bataillon in die Steppe. Stößt auf den Feind. Absitzen! Angriff mit MG und blanker Waffe. Das Foto stammt aus den Sommerkämpfen des Jahres 1942, auf dem Wege zum Don.

Drinnen und draußen.
Der Soldat hat im Krieg keine bleibende Statt. Sein Quartier ist nichts als Unterkunft. Die ›Berliner Morgenpost‹ zeugt von seinen Bewohnern: der Stab einer Berliner Division (unten) • Auch draußen geht das Leben weiter. Oben rechts: Leutnant Herbert Kuntz fotografierte aus seiner He 111 den wimmelnden Markt in dem hart getroffenen Rostow • Dr. Ott machte den Schnappschuß darunter: Auf dem Markt in Stalino.

Hinter der Front wird stramm gegrüßt.
Asmus Remmer hat hier die Tauwetter-Atmosphäre in einem Dorf der Etappe eingefangen: verschlammte Straße, salutierende Landser, rekrutierte Frauen • Alfred Otts fotografische Vignette aus Ordaniwka bildet dazu den sommerlichen Kontrast.

Menschen ihres Landes.
Links: Der bäuerliche Adel des Paares aus Poltawa reizte Alfred Tritschler, das Foto zu machen • Und Walter Hackl schrieb auf sein Bild von der Tatarin aus Baktschiserai: »Diese Frauen waren hübsch und stolz, und manchem Landser, der sich ihnen nähern wollte, spuckten sie vor die Füße« • Unten rechts: Das herrliche Aluschta auf der Krim, von der Straße nach Simferopol gesehen. Im Hintergrund das Jaila-Gebirge.

146/147

← Belbek
Wolga
Stalin
Ural
Sibirien
← Ölberg
GPU
Molotow
← Maxim Gorki
Tscheka
Nord-Fort
SEWERNAJA BUCHT
SÜD BUCHT
SEWASTOPOL
Sewernaja Kossa
SCHWARZES MEER
Chersones ↓

Sapun

Friedhof

Die stärkste Festung der Welt.
Wie Moskau und Leningrad, hielt auch Sewastopol im Herbst und Winter 1941 dem deutschen Ansturm stand. Links: Die Höhen um die historische Feste waren mit Forts gespickt • Der Hafen, von Marinetruppen verteidigt • Deutsche Eisenbahngeschütze aber (oben) zerschlugen mit Riesengranaten bis zu Kaliber 80 cm die stärksten Kasematten • Dazu UNTERNEHMEN BARBAROSSA, Seite 248–268.

Sewastopol wird genommen.
Im Frühsommer 1942 stürmte Mansteins 11. Armee die Seefestung auf der Krim. 1 300 Rohre feuerten fünf Tage auf die Befestigungswerke und Feldstellungen. Die Panzerkuppeln der unterirdischen 30,5-cm-Batterie ›Maxim Gorki‹ wurden von Mörsern der Heeresartillerie zerschlagen (oben rechts) • Die entscheidenden Sapuner Höhen stürmten Grenadiere der 170. I. D., unterstützt von Nebelwerfern • Dazu UNTERNEHMEN BARBAROSSA, Seite 408–419.

Unter und über der Erde.
In den unterirdischen Stollen von Sewastopol wurden bis zur letzten Minute Waffen und Munition produziert (links oben), während in den zusammengeschossenen Stellungen die Rotarmisten kämpften und versorgt wurden (oben) • Die Befehlszentrale, der Kriegsrat der Küstenarmee, war in den unterirdischen Kasematten des Hafens untergebracht (v. l. n. r.: J. Tschuchnow, J. Petrow und M. Kusnezow • Am 1. Juli fiel Sewastopol in deutsche Hand. Die Kämpfe um einzelne Widerstandsnester dauerten noch bis 9. Juli. Rechts: Rumänische Artillerie rollt in die Stadt.

Das Drama Feodosia.
Schon am 3. November 1941 war im Ostteil der Krim Feodosia gefallen (oben) • Aber am 28. Dezember landen überraschend starke sowjetische Panzerstreitkräfte bei Kertsch und im Rücken der Halbinsel, bei Feodosia (rechts) • Graf Sponeck (Foto von 1941 mit Major Zürn), der Kommandierende General des 42. Korps, nahm die schwache 46. I. D. zurück und räumte die Halbinsel Kertsch. Er wurde zum Tode verurteilt. Begnadigt. Und 1944 doch erschossen. Feodosia wurde am 18. Januar 1942 vom Infanterieregiment 105 der 72. I. D. wieder genommen (oben links) • Dazu UNTERNEHMEN BARBAROSSA, Seite 252–268.

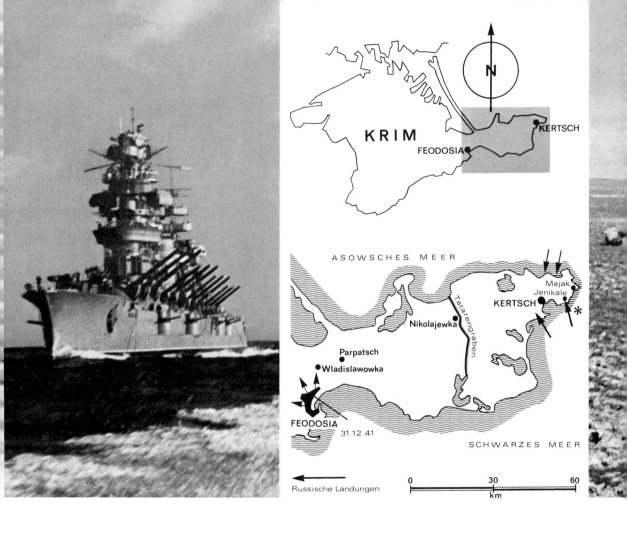

ASOWSCHES MEER
KRIM
KERTSCH
FEODOSIA
Tatarengraben
Nikolajewka
Parpatsch
Wladislawowka
FEODOSIA
31.12.41
SCHWARZES MEER
Majak
Jenikale
KERTSCH
← Russische Landungen
0   30   60 km

Jenikale
Opassnaja
Russische Landung

Die blutige Küste.
Die Halbinsel Kertsch war ein Schlüsselpunkt der deutschen Strategie: 1941/1942 Sprungbrett ins Kaukasusgebiet, 1943 dann Rückhalt für den Kubanbrückenkopf. Von Seestreitkräften unterstützt, links das Panzerschiff ›Sewastopol‹, versuchten sowjetische Landetruppen immer wieder auf Kertsch einen Brückenkopf zu schaffen.

»Was man jetzt zerschlägt, stört später nicht!«

Das sagt Hitler gerade zu General von Salmuth. Es ist der 1. Juni 1942: Führerbesuch im Hauptquartier der Heeresgruppe Süd in Poltawa. Die militärischen Köpfe der Südfront sind vor der Lagekarte versammelt. Wegen der günstigen Entwicklung der Schlacht südlich Charkow ändert Hitler den Fahrplan für ›Fall Blau‹ • Dazu UNTERNEHMEN BARBAROSSA, Seite 400–408 • Auf dem Foto (v. l. n. r.): General Schmundt und Generaloberst von Weichs; Adolf Hitler im Gespräch mit General von Salmuth; vor der Karte: General von Sodenstern, General von Mackensen, Generaloberst von Kleist (halb verdeckt); Feldmarschall Keitel im Gespräch mit General Paulus; Generaloberst der Luftwaffe Löhr.

Sturm auf Rostow.
Am 21. November 1941 hatten Verbände der Panzergruppe Kleist Rostow im Blitz genommen. Aber eine Woche später holten sich die Russen das Tor zum Kaukasus zurück (links) und warfen die Deutschen aus der Stadt. Erst acht Monate später, am 25. Juli 1942, sind die Deutschen wieder in der Stadt. Oberst Reinhardt mit dem Infanterieregiment 421 während des Straßenkampfes • Dazu UNTERNEHMEN BARBAROSSA, 268–272, 437–442.

Das weiße K.
Die 1. Panzerarmee, die alte Panzergruppe von Kleist, revanchierte sich am 25. Juli 1942 für den 28. November 1941 und entriß den Sowjets Rostow erneut. Vergeblich versuchte die russische Artillerie die deutschen Panzerbereitstellungen zu zerschlagen (unten) • Panzer mit aufgesessenen Pionieren stoßen zur Stadtmitte vor (rechts) • Widerstandsnester in den Ruinen werden von Panzergrenadieren niedergekämpft (oben).

Nach Süden...
Der Weg zum Kaukasus ist freigeschlagen. Die Übergänge über den unteren Don gewonnen. Die Divisionen der Heeresgruppen A und B stürmen nach Süden, Richtung Kaukasus, und nach Osten, der Wolga zu.

Über den Tschir, über den Kschen.
Sind die Russen im Kessel? Der Marsch nach Stalingrad hat begonnen. Woronesch ist das erste Ziel. Schütze 1 hat wieder sein MG geschultert • Der Kompanietruppführer zeigt den Weg • Grenadiere, Pioniere und Kradschützen greifen an • Mitten darin, in seinem Befehlswagen mit der Korpsflagge, der Kommandierende des 48. Panzerkorps, General Kempf.

166/167

Auf der Rollbahn 17 nach Woronesch.
28. Juni 1942. Die 4. Panzerarmee unter Generaloberst Hoth stößt auf die sowjetische Verteidigung im Vorfeld von Woronesch. Sowjetische Artillerie schießt Sperrfeuer. Deckung! Pferde scheuen. Die Schlacht rollt • Die Straße 17 ist von Gräbern gesäumt • Dazu UNTERNEHMEN BARBAROSSA, Seite 420–434.

Die verhängnisvolle Stadt.
Woronesch durchs Scherenfernrohr (links), eine interessante Aufnahme, die Walter Seelbach auf der Beobachtungsstelle der schweren Artillerieabteilung 635 machte • Die Stadt am Don, Verkehrskreuz und Rüstungszentrum, wurde zu einem Drehpunkt der Sommeroffensive. In verlustreichen Kämpfen konnten Grenadiere der 16. I. D. (mot.) und der 3. I. D. (mot.) am 7. Juli 1942 den Westteil der Stadt nehmen • Dazu UNTERNEHMEN BARBAROSSA, Seite 430–433.

Stellungskrieg in Woronesch.
In Gräben, Erdbunkern und Granattrichtern wurde in Woronesch um jeden Meter gekämpft; es war wie in den Materialschlachten des Ersten Weltkrieges. Mit dem Grabenspiegel neben dem MG-Stand wird der Gegner beobachtet • Es ist gefährlich, den Kopf aus dem Graben zu stecken. Drüben sitzen sowjetische Scharfschützen vom Schlage des Signalmanns V. Kozlow, der nach dem 30. Treffer von seinem Politkommissar ausgezeichnet wird.

Weiter.
Immer wieder fällt einer aus. Aber es geht weiter, immer weiter. Orel bleibt zurück. Kursk und Charkow. Woronesch. Rostow. Über den Don: nach Osten und nach Süden, durch Steppe und Maisfelder.

174/175

**IV.
Stalingrad**
»Jeder Soldat eine Festung«

In den Tagen, da die 6. deutsche Armee bei Kalatsch über den Don Richtung Stalingrad zog, machte Dr. Ott unsere Aufnahme: Der Don nahe der Mündung ins Asowsche Meer. Friedliche Stimmung. Aber schon dämmerte das Drama Stalingrad herauf. Noch ahnte es niemand; denn im Operationsplan des deutschen Oberkommandos figurierte die Stadt nur am Rande. Sie sollte als Rüstungszentrum und Wolgahafen ausgeschaltet und »unter die Gewalt der Waffen« gebracht werden. Daß aus dieser Sicherungsaufgabe eine schwere Niederlage wurde, war die Folge einer Fehleinschätzung des Gegners. Der Stalingrad-Verteidiger General Tschuikow schwor seine 62. Armee auf die Parole ein: »Jeder Soldat eine Festung« – und sie hielt sich daran.

Unerbittlich war der Krieg.
Diese Männer weinten vor Kälte, als Alfred Ott sein Foto machte: Soldaten einer italienischen Division aus dem warmen Süden Europas in der weißen Hölle eines gnadenlosen Schneesturms • Rechts: Der Panzer war die entscheidende Waffe auf den Schlachtfeldern des letzten Krieges. Rechts oben: Sowjetische Gardeschützen bei einem Angriff mit Panzerunterstützung. Der KW 1 hat einen leichten deutschen Panzer gerammt • Darunter: Panzerjäger schweren Kalibers, wie diese 10-cm-Kanone auf Selbstfahrlafette, ›dicker Max‹ genannt, waren oft Helfer in großer Not • Aber die schwerste Last des Kampfes trugen auf beiden Seiten immer die Infanteristen.

X-Zeit 5 Uhr.
Noch drei Minuten. Die leichte Pak steht zum Feuerschutz bereit. Der Kompanieführer schon auf dem Grabenrand • Dann ist es soweit. Vorwärts! • Da fällt einer vom 3. Zug vornüber: »Sanitäter!« • Und die Sanis sind gleich da. Helfen • Ein Stück entfernt davon gibt es nichts mehr zu helfen.

Charkow.
Mehr als zwanzig deutsche Divisionen haben im Zweiten Weltkrieg an den vier Schlachten um Charkow teilgenommen. Wenigstens eine Million deutsche Soldaten haben ihren Fuß in diese viertgrößte Stadt der Sowjetunion gesetzt. Sie orientierten sich an ihren Wegweiser-Pyramiden • Bestaunten die Monumentalbauten am Roten Platz • Die Bahnen und Kanäle erfüllten wichtige Funktionen in der wirtschaftlichen Kommunikation des Landes. Neben den modernen Prunkbauten standen Elendsquartiere und herrliche alte Kirchen.

Rossosch fällt.
Wer im Verband der 6. Armee südlich Woronesch in den großen Donbogen marschiert ist, der kennt den Windmühlenhügel und kennt die staubigen Rollbahnen über Rossosch zum Don • Der zweite Takt von ›Operation Blau‹ war am 6. Juli angelaufen: Schneller Vormarsch in die Donschleife, um die Russen einzuschließen (rechts); im Hintergrund wieder der Windmühlenhügel • Dazu UNTERNEHMEN BARBAROSSA, Seite 433–435.

Über den Tschir zum Don.
General Paulus manövrierte die sowjetischen Kräfte vor dem Don aus. Seine Panzerdivisionen gewinnen den Übergang über den Tschir (links) • Das 8. Fliegerkorps trifft mit seinen Stukas die Russen schwer (links unten) • Am 26. Juli stehen deutsche Vorausabteilungen im großen Donbogen am Fluß • Dazu UNTERNEHMEN BARBAROSSA, Seite 479–482.

Das ist die Donsteppe.
An der Spitze der 6. Armee rollen zwei Panzerkorps. Dahinter die bespannten Infanteriedivisionen. Ziel ist Kalatsch am Don • Dazu UNTERNEHMEN BARBAROSSA, Seite 477–479.

Und das sind die Donbrücken.
Die technische Maschinerie der Pioniere beim Brückenbau über den Don funktionierte hervorragend. Die Don-Höhenstraße war berühmt durch ihre buntscheckig beschilderten Abzweigungen • Die Lutschenskijer Brücke (rechts unten) führte in den Brückenkopf des 11. Korps und wurde in einer Nacht siebenundsechzigmal von sowjetischen Flugzeugen angegriffen.

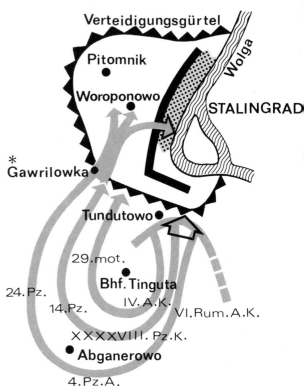

Am 19. August 1942 steht die 4. Panzerarmee vor dem äußeren Verteidigungsgürtel Stalingrads bei Abganerowo (unten) • Grenadiere der 29. I. D. (mot.) stürmen die Stellungen der 64. sowjetischen Armee (rechts) • Aber an dieser Stelle geht es nicht weiter. Elf Tage später, am 30., reißt Hoth mit einer kühnen Umgruppierung (Karte) den inneren Verteidigungsgürtel von Südwesten her auf. Noch dreizehn Kilometer bis Stalingrad • Dazu UNTERNEHMEN BARBAROSSA, Seite 486–493.

Durchbruch bei Gawrilowka am 30. 8. 1942 ✱

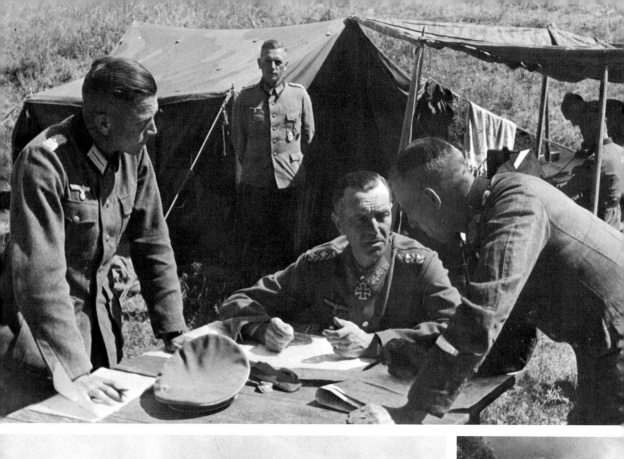

Der Stoß in die Stadt.
»Ein Plan, der vorher in einem Armeezelt ausgearbeitet wird, entscheidet den Sieg, der Tausende Meilen entfernt errungen wird«, sagt ein altes chinesisches Sprichwort, das gern von Mao Tse-tung zitiert wird. Links: Gefechtsstand der 6. Armee vor Stalingrad • Am Kartentisch General Paulus, rechts zu ihm gebeugt General Rodenburg, der Kommandeur der 76. I. D.; links Oberstleutnant Elchlepp, der Ia • Am 9. September brechen deutsche Panzerkräfte in den Nordteil der Stadt ein • Am 14. September ficht die 71. I. D. bereits in der Stadtmitte • Der Getreidesilo, der zu einem Brennpunkt der Kämpfe wurde, ist zum Greifen nahe • General Paulus entwarf eigenhändig einen Armschild mit dem Motiv des Silos (oben), der nach dem Sieg allen Soldaten der 6. Armee verliehen werden sollte.

Kampf in der Stadt.
Die Fotos der folgenden drei Seiten stammen aus dem Nachlaß von Generalfeldmarschall Paulus. Sie zeigen den harten Kampf gegen den sich immer mehr verstärkenden Widerstand der 62. sowjetischen Armee • Im Feuerofen Stalingrads entsteht der Stalingradkämpfer • Es wird Oktober. Ein MG geht in Stellung. Der Schütze rechts trägt die Lafette für das sMG.

Vor der Siedlung Barrikady.
»So machen wir's: Erster Zug links, zweiter rechts« • Im Laufschritt geht es über das freie Gelände.

In der Geschützfabrik.
Die Männer der sächsischen 14. Panzerdivision und die Hessen der 389. I. D. schlagen sich durch die Montagehallen der Geschützfabrik ›Rote Barrikade‹ • Dazu UNTERNEHMEN BARBAROSSA, Seite 500–505.

Die sterbende Stadt.
Verbrannt, zerstört, mit leeren Fensterhöhlen und in düstere Rauchwolken gehüllt, so sieht der sowjetische Bildberichter im Oktober Stalingrad auf dem westlichen Hochufer der Wolga • In den ausgestorbenen Straßen hasten ein paar Frauen unter dem Feuer der Granaten mit der letzten Habe aus der Stadt • Die Balkas, uralte Lössschluchten und Erdhöhlen, bieten der geplagten Zivilbevölkerung letzte Zuflucht.

Der Stalingrader Winter bricht an.
Und noch immer wird in der Stadt gekämpft. Die sowjetischen Truppen verteidigen verbissen jeden Meter Boden. »Die Preisgabe der Stadt würde die Moral unseres Volkes zerstören. Wir werden Stalingrad halten oder dort sterben.« So lautete der Schwur, den General Tschuikow am 12. September vor Nikita Chruschtschow und General Jeremenko geleistet hatte.

Historische Dokumente vom letzten Akt.
Am 19. November, als die 6. Armee in Stalingrad noch einmal antrat, um die letzten Bastionen vor der Wolga zu stürmen, durchbrechen die Russen mit vier Armeen und einem Panzerkorps die rumänischen Stellungen nordwestlich (links) und südlich (rechts) von Stalingrad und jagen zur Handreichung nach Kalatsch: Die 6. Armee ist eingeschlossen • Dazu UNTERNEHMEN BARBAROSSA, Seite 506–516.

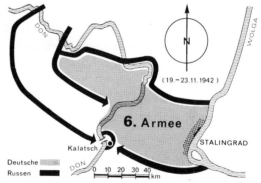

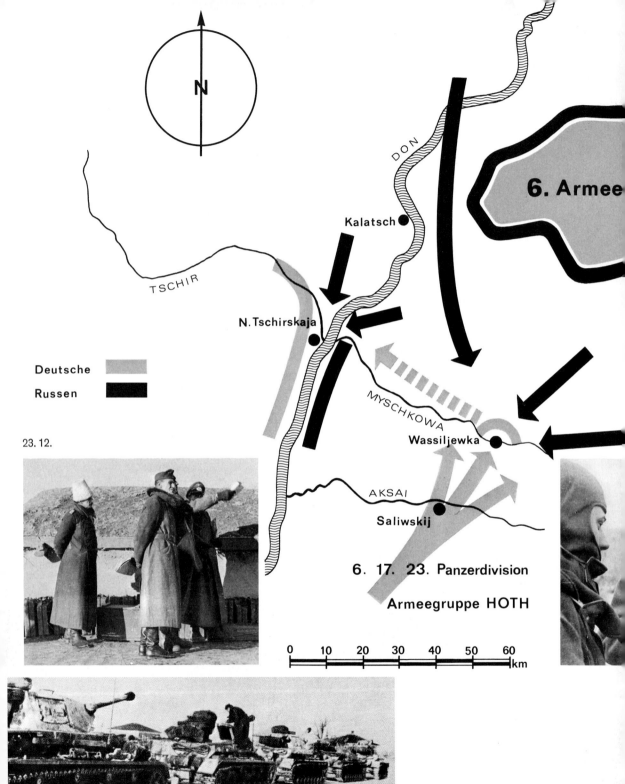

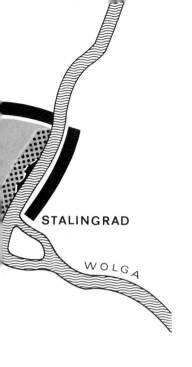

Der Entsatzangriff.
Generaloberst Hoth bekommt den Auftrag, die 6. Armee zu entsetzen. Hundert Kilometer hat er vor sich. Am 12. Dezember geht es los: Einsatzbesprechung beim Panzerregiment 11 • Am 14. sind sie schon über den Aksai. Drüben stehen die Panzer IV lang • Am 22. und 23. sind Hoths Panzerspitzen bis auf 50 Kilometer an Stalingrad heran, in Bol.-Wassiljewka ist Einsatzbesprechung der Generale Kirchner (mit Schiffchen) und Raus mit den Regimentskommandeuren. Aber bei der 8. italienischen Armee bricht der Russe durch • Hoth muß am 24. Dezember starke Panzerkräfte abgeben, um eine neue Katastrophe am Tschir zu verhindern. Die Stalingrader in ihren Schneehöhlen aber warten.

12. 12.

22. 12.

14. 12.

Luftversorgung Stalingrad

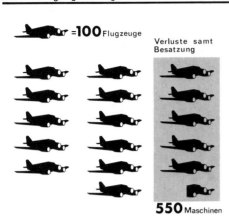

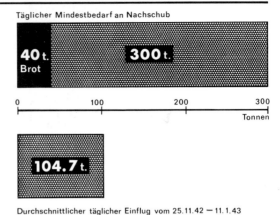

Der Winter ist stärker.
Die Luftversorgung einer Armee unter sibirischen Witterungsbedingungen erwies sich als unmöglich. Das Wetter besiegte die Luftflotte 4 • Die nach Stalingrad geflogenen Versorgungsgüter reichten nicht, um die Kochgeschirre zu füllen, die Kampfkraft der Truppe zu erhalten oder so viel Sprit einzufliegen, daß der Ausbruch gewagt werden konnte. Ein Drittel der eingesetzten Maschinen ging verloren • Für die Sowjets jedoch arbeitete die Zeit. Mit Verbissenheit verteidigen sie die Trümmer der Stadt und holen sich im Nahkampf immer wieder wichtige Stützpunkte für ihre Scharfschützen, wie rechts die alte Fabrikruine.

Die geheimnisvollen Höhlen.
Die Russen in Stalingrad bekamen über die zugefrorene Wolga Nachschub und Ersatz. Und wenn Bomben und Granaten das Eis aufbrachen, brachten die Trosse die Versorgungsgüter mit Flößen und Kähnen über den Strom • Das westliche Steilufer am Fluß, das für die deutsche Artillerie unerreichbar war, bildete die Geheimwaffe der Verteidiger: Hier saßen die Stäbe der Sowjets, waren die Lazarette, die Munitionsdepots und die Mannschaftssammelstellen untergebracht • Dazu UNTERNEHMEN BARBAROSSA, Seite 503.

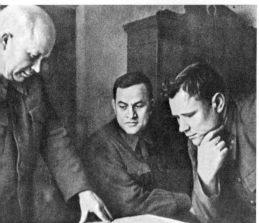

Die Motoren des Widerstandes.
Links: Nikita Chruschtschow, General Tschujanow und General Jeremenko. Unten (v. l. n. r.): General Krylow, General Tschuikow und General Gurkow.

Das Ende.
Die Verwundeten erfroren, die Leichen erstarrten • Die Überlebenden ergaben sich • Die Strohschuhe, die sich die Soldaten beschafft hatten, wurden ihnen abgenommen und als Pferdefutter verwandt.

Von links: General Lattmann, 14. Pz. Div • General Sanne, 100. I. D. • General Dr. Korfes, 295. I. D. • General v. Seydlitz-Kurzbach, 2. A. K. • General Magnus, 389. I. D. • General Rodenburg, 76. I. D. • General Leyser, 29. I. D. (mot.) • General Pfeffer, 4. A. K. • General Vassoll, Arko 153 • General von Lenski, 24. Pz. Div. • Generaloberst Strecker, 11. A. K.

In der Nacht zum 2. Februar sitzt Generaloberst Strecker im Gefechtsstand der Kampfgruppe des Oberstleutnant Julius Müller. Als der Morgen graute, sagte Strecker: »Ich muß jetzt gehen.« Und Müller versteht. »Ich werde tun, was meine Pflicht ist«, sagt er. Als es hell wird, hört auch im Nordkessel der Kampf auf. Strecker funkt um 8 Uhr 40 an das Führerhauptquartier: »11. A. K. hat mit seinen sechs Divisionen seine Pflicht getan.« Auch hier treten nun die hohlwangigen, ausgehungerten Männer aus Gräben und Trümmern, sammeln sich zu grauen Kolonnen. Und werden in die Steppe geführt. Immer noch endlos anmutende Züge. Wie viele? (Aus UNTERNEHMEN BARBAROSSA, Seite 548)

STALINGRAD: Verlustliste der 6. Armee

👤 = 6 000 Mann

18.12.1942
Verpflegungsstärke der im Kessel befindlichen deutschen und verbündeten Truppen

230 300 Mann

Bis zum 24.1.1943
werden ausgeflogen (Verwundete und Spezialisten) 42 000
Bis zum 29.1.1943
gefangen ✷ 16 800

171 500 Mann

31.1.1943 – 3.2.1943
✷ 91 000 gehen in Gefangenschaft
80 500 Tote und Verwundete bleiben auf dem Schlachtfeld

Gefangene

107 800 Mann

Heimkehrer

6 000 Mann

✷ Sowjetische Angaben

Die Last des Krieges ist nicht in Zahlen auszudrücken.
General Rodimzew, der Mann der Stalingrader Garde, verkündete auf dem Roten Platz die Vernichtung der 6. deutschen Armee. Was von der 6. Armee zurückblieb, lag als Schrott in den Straßen der toten Stadt • Die Farbaufnahme aus dem Industriegebiet von Kriwoi Rog, die Günther Thien machte, symbolisiert, daß die Last des Wiederaufbaus auf den Schultern der russischen Frau lag.

Die 2. Batterie des Münchner Flakregiments 5 mit ihrer 8,8 an der Fischerhalbinsel im Nordmeer, nahe Murmansk. Professor Dr. Priesack schoß diese dokumentarische Farbaufnahme im Sommer 1941. Schon in den ersten Entwürfen für den Rußlandkrieg findet sich das Ziel Murmansk, Rußlands Hinterausgang in den Atlantik. Über diesen Hafen und die Murmanbahn kamen die amerikanischen Hilfslieferungen, die die sowjetische Widerstandskraft ganz entscheidend verstärkten. Gegen diese Gefahr fochten die deutschen Gebirgsjäger und die finnischen Korps ihren besonderen Krieg. Südlich des Ladoga-Sees hatten die Divisionen der Heeresgruppe Nord ihr Operationsgebiet.

V.
Die Kämpfe am Nordflügel
Zwischen Eismeer und Seliger-See

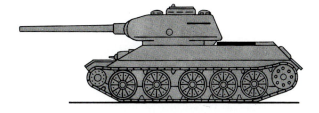

T 34 1943

Urwald, Meer und Tundra.
Das finnische Regiment Turoma, berühmt für seine Kampfkraft, auf dem Marsch über die Gebirgsjägerstraße im Raum Kiestinki • Links: Ein charakteristisches Bild von den Wäldern am Wolchow • Ein deutsches U-Boot in der Ostsee vor Danzig.

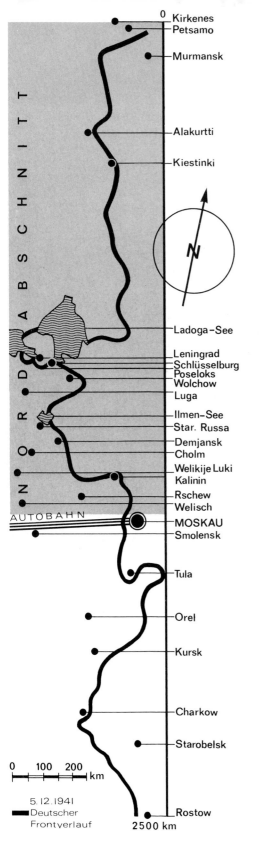

NORDABSCHNITT

- Kirkenes
- Petsamo
- Murmansk
- Alakurtti
- Kiestinki
- Ladoga-See
- Leningrad
- Schlüsselburg
- Poseloks
- Wolchow
- Luga
- Ilmen-See
- Star. Russa
- Demjansk
- Cholm
- Welikije Luki
- Kalinin
- Rschew
- Welisch

AUTOBAHN

- MOSKAU
- Smolensk
- Tula
- Orel
- Kursk
- Charkow
- Starobelsk
- Rostow

0 100 200 km

5.12.1941
■ Deutscher Frontverlauf

2500 km

Krieg am Rande der Welt.
Aus Urgestein ist das MG-Nest an der Eismeerfront geschichtet. Die öde Tundra war das Kampffeld des Gebirgsjägerregiments 139, Revier für Scharfschützen und Handgranatenduelle • Die Jäger lebten in Höhlen aus Steinen, Moos und Grassoden • Um Nachschub an die Eismeerfront zu bringen, mußte die Organisation Todt erst Straßen bauen • Dazu UNTERNEHMEN BARBAROSSA, Seite 364–385.

16,5 Mill. t. = 2660

Uniformtuche	90 Mill. Meter
Soldatenstiefel	11 Mill. Paar
Jeeps	50 000
Maschinengewehre	135 000
Panzerfahrzeuge	13 000
Lokomotiven	1 045
Güterwagen	7 164
LKW	427 284
Kipp u. Tankfahrzeuge	1 000

Versenkt 1,5 Mill. t. = 77

Deutschland ging in den Ostkrieg mit:	Flugzeuge	1 830
	Panzer	3 580
	motor. Fahrzeuge aller Art	600 000
Im 1. Kriegsjahr lieferten die Alliierten über Murmansk – Archangelsk:	Flugzeuge	3 052
	Panzer	4 048
	motor. Fahrzeuge aller Art	520 000
In der Schlacht um Kiew Herbst 1941 verloren die Russen:	Panzer	900
	Kraftfahrzeuge	15 000
	Geschütze	3 000

Die amerikanischen Hilfslieferungen glichen einen großen Teil der materiellen Verluste der Sowjets aus.
Die amerikanischen Geleitzüge durchs Nordmeer brachten von 1941 bis 1945 Kriegsgerät im Wert von 39 Milliarden D-Mark nach Murmansk und Archangelsk. Darunter 14 700 Flugzeuge, 7 000 Panzer, 375 000 Lkw. An vielen russischen Frontabschnitten stellten ab 1942 die amerikanischen Lkw 30 Prozent des sowjetischen Transportraums.

Wächter an der Hintertür.
Mit U-Booten und Minensuchern stand die Rote Flotte Wache vor Murmansk, um die westlichen Lieferungen vor den deutschen U-Booten zu schützen. Rechts: Ein sowjetisches U-Boot verläßt die U-Boot-Basis, um einen Konvoi für Murmansk in Empfang zu nehmen • Darunter: Der Kommandant Nikolaus Lunin (mit drei Orden) und seine Besatzung nach ihrem Angriff auf das deutsche Schlachtschiff ›Tirpitz‹ im Frühjahr 1942 • Links: Schiffe der amerikanischen Pacht- und Leih-Flotte, mit denen die Hilfslieferungen transportiert wurden • Dazu UNTERNEHMEN BARBAROSSA, Seite 382–383.

Tägliche Brotration 1941/42

		Normalbrot 1500 g
LENINGRAD		
Arbeiter	250 g	
Angestellte Familienangehörige	125 g	
DEUTSCHLAND		
Erwachsene	325 g	
Jugendliche	375 g	
Kinder	245 g	

Als Westberlin 1948/49 aus der Luft versorgt werden mußte, wurden für die zweieinhalb Millionen Einwohner täglich 10 000 Tonnen eingeflogen. Nach Leningrad mit seinen mehr als zwei Millionen Einwohnern kamen knapp 86 Tonnen täglich, das war weniger als ein Hundertstel der Berliner Rate.

Täglich zweieinhalb Scheiben Brot.
Nur über den zugefrorenen Ladoga-See hatte Leningrad bis 1943 Verbindung zur Außenwelt (oben). »Die Straße des Lebens« hatten die Russen diesen gefährlichen Eisweg getauft. Nur nachts konnte er befahren werden • Schrecklich wütete der Hunger in der Stadt. Die Menschen fielen vor Erschöpfung auf der Straße um und starben (links) • Die Toten wurden auf den Friedhof Wolchow transportiert und für Massengräber gesammelt • Dazu UNTERNEHMEN BARBAROSSA, Seite 222–240, und VERBRANNTE ERDE, Seite 183–191.

Drüben liegt Porogi.
Die zugefrorene Newa ist hier nur 250 Meter breit. Nicht viel, wenn der Russe mit Urrä über den Uferhang und das Eis gestürmt kam. Der Gefreite Hans Dornhofer machte diese seltene Aufnahme im Frühjahr 1943 aus dem Unterstand einer Beobachtungsstelle des Gebirgsjägerregiments 100. Auf dem Fluß noch die gefallenen Russen vom letzten Angriff • Auch im Raum Pulkowo hatten sich die Männer der 170. Infanteriedivision an der Newa mit handwerklichem Geschick Bunker und Unterstände gebaut. Der erste Eingang führte zur Schreibstube, der zweite in die Unterkünfte, der dritte in die Küche.

Vor Leningrad.
Die lange Newa-Front zwischen Schlüsselburg, Gorodok und Dubrowka war ein unruhiger und gefährlicher Kampfabschnitt. Immer wieder mußten Gegenstöße den eingebrochenen Feind zurückwerfen (oben links) • Mit der Signalpistole wird Artillerieunterstützung angefordert • Schwere Opfer brachten die spanischen Freiwilligen der ›Blauen Division‹. Hier begraben sie im Frühjahr 1943 an der Leningrader Front ihre Toten • Dazu UNTERNEHMEN BARBAROSSA, Seite 349, und VERBRANNTE ERDE, Seite 191–222.

Am Wolchow.
Tote Wälder mit zerschossenen Stellungen • Befestigte Inseln im Sumpf, die nur mit Schlauchbooten versorgt werden konnten • Eine düstere Front in der urweltlichen Wolchow-Landschaft. Sie gehörte zu den verlustreichsten und härtesten Kampfgebieten der Ostfront. Nahkampf und Handgranate beherrschten den Tag und die Nacht • Dazu UNTERNEHMEN BARBAROSSA, Seite 361–363, und VERBRANNTE ERDE, Seite 205–222.

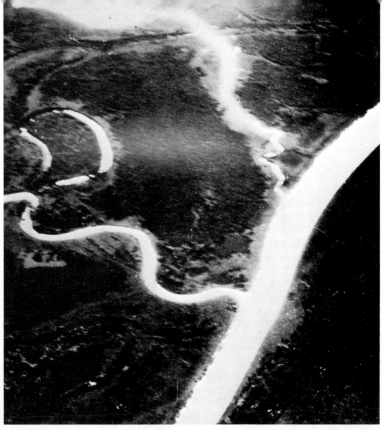

Zwei Wunder der Kriegstechnik.
Links oben: Der 52-cm-Mörser ›Berta‹, der vor Leningrad eingesetzt war. ›Berta‹ war ein französisches Beutegeschütz. Sein Geschoß war 1,86 Meter hoch und hatte ein Gewicht von 1 650 Kilogramm. Die Schußweite betrug 17,5 km. Durch den Verschluß konnte bequem ein Soldat schlüpfen • Eine Kanone ganz anderer Art war die Fernkamera der Vermessungs- und Kartenabteilung 602 (oben), die Landschaftsaufnahmen mit infraroten Platten bis auf eine Entfernung von achtzig Kilometer machte.

Achtzig Kilometer im Okular.
Diese seltene Kriegsaufnahme vom Kaukasusmotiv (oben) machte Alfred Schwabe im Rahmen seiner Tätigkeit bei der Vermessungs- und Kartenabteilung 602 mit einer Leica, der ein Scherenfernrohr vorgesetzt war. Rechts der Landschaftsausschnitt.

Unten: Das Panorama von Leningrad. In der Mitte der Standort der Kamera mit Orientierungswinkel. Die Meterzahlen geben die Entfernung vom Aufnahmepunkt an.

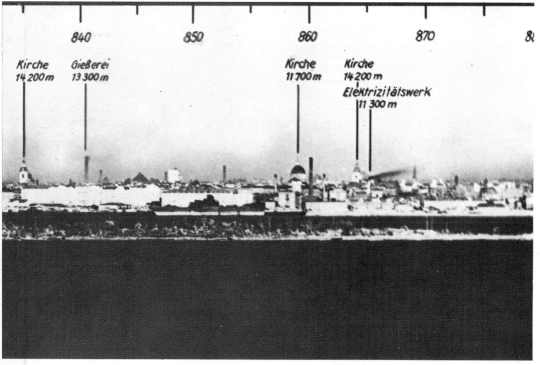

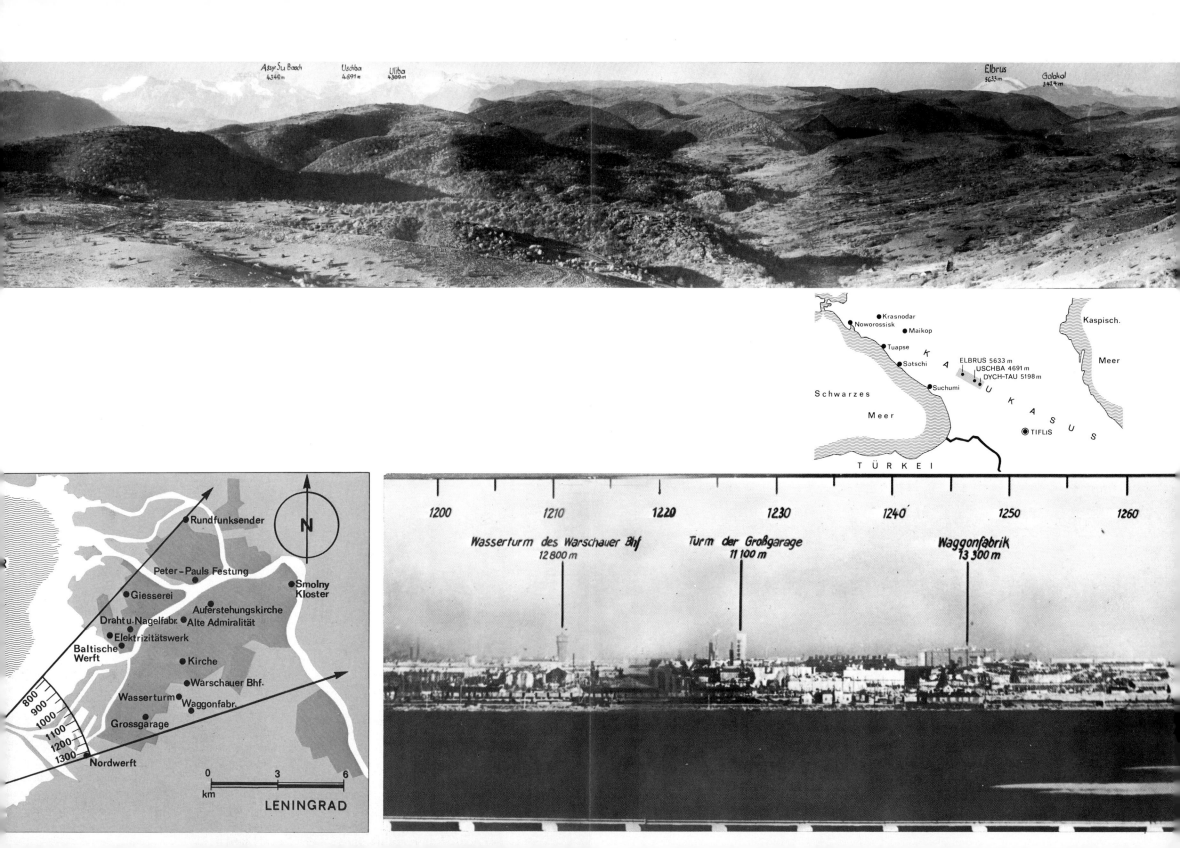

**Elbrus–Leningrad:
2500 Kilometer Luftlinie.**
Links: Deutsche Gebirgsjäger auf dem Wege in ihre Stellungen am Chotjou-Tau-Paß. Im Hintergrund der Gipfel des Elbrus • Auch die Sowjets hatten ihre Gebirgsjäger. Auch sie lagen in den Hängen des Hochkaukasus und verwehrten den Deutschen den Sprung an die Küstenstraßen • Leningrad lag im Würgegriff der deutsch-finnischen Blockade. Der Verteidigungskommissar Schdanow evakuierte einen Teil der Zivilbevölkerung aus der hungernden Stadt über die Eisstraße des Ladoga.

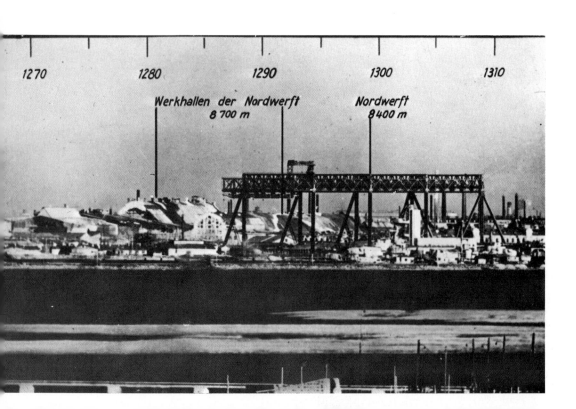

Phantome auf dem Ilmen-See.
So furchterregend und unheimlich, wie die gepanzerten Propellerschlitten auf dem Funkbild aussehen (unteres Foto), welches die Sowjets 1942 den Engländern als Spezialwaffe auf dem Ilmen-See übermittelten, waren sie nicht. Im Gegenteil, diese Panzer auf Propellerschlitten bewährten sich nicht und wurden eine leichte Beute der deutschen Abwehr.

242/243

Frontstädte im Kampfraum der Heeresgruppe Nord.

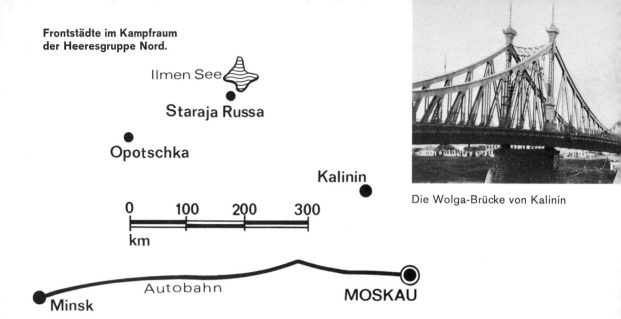

Die Wolga-Brücke von Kalinin

Kathedrale und Markthallen

Staraja Russa

Fabrikviertel in Kalinin

Opotschka

Über die Brücke

Hauptstraße mit Kreml

Eckpfeiler Rschew.

Wenigstens 350 000 deutsche Soldaten kannten die Wolga-Brücke von Rschew (oben). Wie ein Wellenbrecher hielt General Model die Stadt im Vorfeld von Moskau. Vergeblich stürmten die Russen. Rund dreißig Divisionen der 9. und 4. Armee kämpften in diesem Raum. Von besonderer Härte war die Winterschlacht 1942/43. Oben links: Grenadiere im Gegenstoß. Darunter: Schwerer Mörser südostwärts Toropez im Kampf gegen russische Bereitstellungen. Rechts: Vorbereitung zur Sprengung der Brücke • Dazu UNTERNEHMEN BARBAROSSA, Seite 323–335, und VERBRANNTE ERDE, Seite 238–247.

Im Kessel von Demjansk. Im Schutz von Sturmgeschützen gehen Grenadiere vor und nehmen feindliche Kampfstellungen • Der verwundete sowjetische Kommandeur gibt auf • Dazu UNTERNEHMEN BARBAROSSA, Seite 335–357, und VERBRANNTE ERDE, Seite 222–237.

Fester Platz Welikije Luki.
Fertigmachen zum Angriff! Panzerabteilung 18 tritt im Januar 1943 zum Entsatzstoß an (rechts). Sie kommen durch, erreichen die eingeschlossene Festung und fahren durch den berühmten Torbogen in den Innenhof der Zitadelle • Aber dann hämmert die sowjetische Artillerie die Fahrzeuge zusammen • Als Grenadiere halten die Männer zusammen mit der Besatzung bis zum bitteren Ende mehr als zwölf Monate aus. Nur wenige konnten sich retten • Die Aufnahmen stammen alle von Oberleutnant Burg, der in Welikije Luki gefallen ist • Dazu VERBRANNTE ERDE, Seite 247–259.

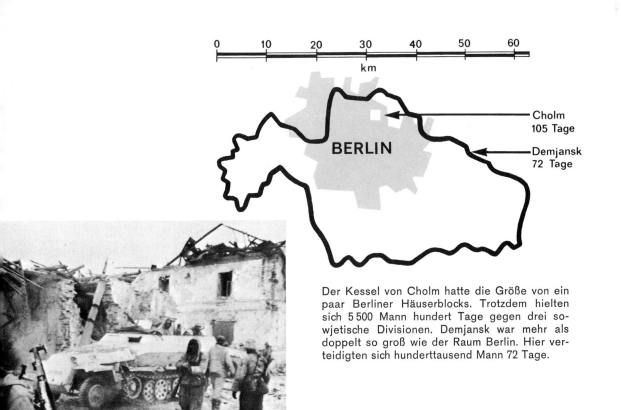

Der Kessel von Cholm hatte die Größe von ein paar Berliner Häuserblocks. Trotzdem hielten sich 5500 Mann hundert Tage gegen drei sowjetische Divisionen. Demjansk war mehr als doppelt so groß wie der Raum Berlin. Hier verteidigten sich hunderttausend Mann 72 Tage.

Hundert Tage Kessel Cholm.
Die Umarmung von General und Hauptmann bei der Verleihung des Ritterkreuzes drückt Männerfreundschaft im echtesten Sinne aus: Es war am 20. März 1942 im Kessel Cholm, Hauptmann Biecker erhielt von General Scherer das Ritterkreuz. Fünf Wochen später fiel Biecker bei der GPU-Ruine • Der kleine Kessel wurde aus der Luft versorgt. Die abgeworfenen Versorgungsbomben mußten allerdings oft unter Einsatz des Lebens im Feindfeuer geborgen werden • Dazu UNTERNEHMEN BARBAROSSA, Seite 357–360.

Die gefährlichen Jäger.

Scharfschützen waren mutige und trickreiche Einzelkämpfer. Sie lagen zuweilen fünfzig Meter vor der eigenen Front in guten Verstecken, in die sie sich nachts schlichen, und überwachten mit dem Zielfernrohrgewehr die feindlichen Stellungen. Jede Unachtsamkeit quittierten sie mit einem tödlichen Schuß. Auf diese Weise erzeugten sie beim Gegner Angst und Unsicherheit • Der deutsche Schütze (oben) erzielte in vierzehn Tagen 125 Treffer • Scharfschützin Pawlutschenko, eine Ukrainerin, wurde für ihre Abschüsse bei der Verteidigung Sewastopols ausgezeichnet.

Südostwärts Toropez

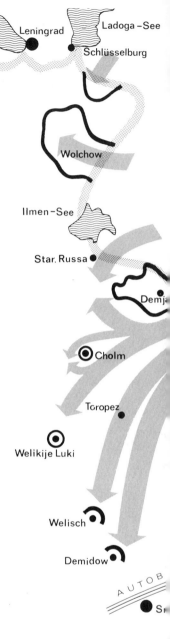

Das zerstörte Cholm

Die Brücke von Welisch

Die große Schlacht am Wolchow.

Im Zuge der sowjetischen Frühjahrsoffensive des Jahres 1942 sollte General Wlassow (unten) ein Stalingrad am Wolchow erzwingen. Aber er ging mit seiner 2. Stoßarmee in den Wäldern und Sümpfen unter und wurde selbst nach wochenlangem Umherirren gefangen. Die Katastrophe machte ihn zum Gegner Stalins. Er trat auf die deutsche Seite. Nach dem Krieg wurde er in Moskau gehenkt • Dazu UNTERNEHMEN BARBAROSSA, Seite 344–350 und 361–363.

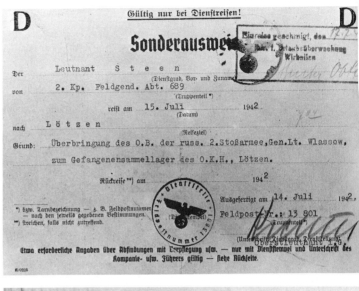

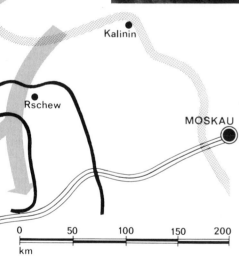

Ritterkreuz und Suworow-Orden.
Unteroffizier Horst Naumann aus Berlin, 21, schoß mit seinem Sturmgeschütz im Kessel von Demjansk 21 sowjetische Panzer ab, sechs davon bei einem entscheidenden Einbruchsversuch der Russen. Er erhielt dafür als erster Soldat der Sturmartillerie das Ritterkreuz, das ihm General Höhne umlegte • Generaloberst K. Rokossowski erwarb sich seine ersten Meriten bei der Verteidigung Moskaus und bei der Schlacht an der Donfront. Er erhielt den Suworow-Orden 1. Klasse vom Präsidenten des Obersten Sowjet, M. Kalinin, verliehen • In der deutschen Wehrmacht konnte jeder Soldat die höchste Tapferkeitsauszeichnung erringen. In der Roten Armee waren die Orden nach dem militärischen Rang gestaffelt, der Suworow-Orden 1. Klasse nur für Generale • Dazu VERBRANNTE ERDE, Seite 228–229 und 291.

Überall war Front.
Der Zweite Weltkrieg verwischte die Grenze zwischen Front und Heimat. Der Bombenkrieg machte auch das Hinterland zum Kriegsgebiet. Rechts: Deutscher Gebirgsjäger am Steilhang eines Kuban-Flußarmes im Sommer 1943 • In Brand geschossener Bomber nach dem Angriff auf einem deutschen Heimatflugplatz.

Dieses Farbfoto von Karl Knödler ist ein einmaliges Dokument. Es zeigt die Räumung des Kubanbrückenkopfes im Herbst 1943. In 34 Tagen wurden über 200 000 Soldaten, rund 70 000 Pferde und 40 000 Fahrzeuge durch die Straße von Kertsch zur Krim transportiert. Eine der großen organisatorischen Leistungen des zweiten Weltkriegs. Als die Armeen der Heeresgruppe A aufbrachen, um das kaukasische Öl zu erobern, lagen vor ihnen 500 Kilometer Steppe und einer der mächtigsten Gebirgszüge der Welt. Die Gebirgsjäger, Panzermänner und Infanteristen kämpften an den uralten Paßstraßen des Kaukasus, an der Schwarzmeerküste, in der Kalmückensteppe. Und fochten sich dann in blutigen Gefechten wieder zurück. Ein Teil nach Norden. Die Masse in den Kubanbrückenkopf. Von dort zur Krim.

VI.
Kaukasus, Kuban, Kertsch
Die große Schlacht ums Öl

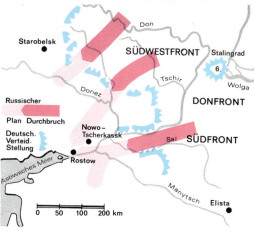

Szenen des Kriegstheaters.
Charkow mit seinen Monumentalbauten am Roten Platz (oben) reizte die fotografierenden Soldaten immer wieder zu Schnappschüssen • Der Stau am Ostufer des unteren Bug auf der Rückzugstraße der 8. Armee im März 1944 ist ein seltenes Dokument.

Rohrkrepierer, wie sie Paul Stöcker verbotenerweise bei der schweren Artillerieabteilung 843 fotografierte, mahnten den Artilleristen daran, daß neben dem Feind auch das Unglück wartete • Unten: Feuerstellung der schweren Artillerieabteilung 740.

Im Lande der Tscherkessen.
In sengender Hitze und bei strömendem Regen ziehen die Gebirgsjäger über die Pässe und durch die Täler des Kaukasus • Wie eine Goldgräberstadt Amerikas wirkt Pjatigorsk im Nordkaukasus an der Kuma • Dazu UNTERNEHMEN BARBAROSSA, Seite 443–457.

Die Straße nach Asien.
Vor dem schimmernden Panorama des Elbrusmassivs ziehen die Kolonnen des 40. Panzerkorps durch die Kalmückensteppe dem Terek zu (oben) • Am 25. August 1942 wurde dieses letzte Hindernis vor dem Ölgebiet von Grosnij und vor der alten Heerstraße nach Tiflis, Kutaissi und Baku erreicht • Über die Terek-Brücke bei Mosdok (rechts) rollte der Nachschub für den letzten Stoß • Aber zu schwach waren die deutschen Kräfte, zu stark der sowjetische Widerstand an den Hängen des Kaukasus im Raum Ordschonikidse (links) • Dazu UNTERNEHMEN BARBAROSSA, Seite 472 bis 475.

Das Edelweiß an der Mütze.
In mühseliger Arbeit bringen die Gebirgsjäger ein leichtes Infanteriegeschütz in eine Stellung am Kluchorpaß (links) • Die Männer der 1. und 4. Gebirgsdivision bezwingen im eisigen Höhenwind den 5633 Meter hohen Elbrus. Hier fotografierte Andres Feldle die Gruppe am Nordwestgipfel nach der Flaggenhissung am Trigonometrischen Punkt • Unten rechts: Gebirgsjäger auf dem Wege in ihre Stellungen im Laba-Tal • Unten links: Aufklärer einer berittenen russischen Gebirgsjägerbrigade auf ihren zähen Panjepferden im Waldkaukasus • Dazu UNTERNEHMEN BARBAROSSA, Seite 457–460.

Nur die Friedhöfe blieben zurück.
Die deutschen Gebirgsjäger hatten in Höhen von über 3 000 Meter gekämpft, hatten über schwindelerregende Felsgrate, sturmumtoste Eishänge und gefährliche Gletscher feindliche Stellungen erobert, die für uneinnehmbar gegolten hatten. Aber den letzten Sprung an die Küste, ans Meer schafften sie nicht. Die sowjetische Gegenoffensive erzwang den Rückzug aus dem Kaukasus.

Die letzten Meter vor der Küste.
Vor den Ausgängen der Gebirgstäler in die Küstenebene bei Tuapse leistete sowjetische Marineinfanterie erbitterten Widerstand (links). Die deutschen Kampftruppen sahen zwar das Meer und die subtropische Küste, aber die letzten Kilometer in die Ebene schafften sie nicht • Die Sowjets hielten auch nordwestlich Tuapse ihre Stellungen (unten links) • Wenige Wochen später beginnt der deutsche Rückzug (unten) • Dazu UNTERNEHMEN BARBAROSSA, Seite 458–462, und VERBRANNTE ERDE, Seite 120–135.

Der Geist von Stalingrad.
Der fanatische Geist von Stalingrad wurde Ende 1942 auch im Kaukasus geweckt. An der Ossetischen Heerstraße fochten einheimische Partisanengruppen, die jedes Tal und jeden Pfad kannten (links oben) • In Ordschonikidse waren die Wände der zu Bunkern umgebauten Häuser mit Kampfparolen bemalt: »Hier kommen wir als Sieger heraus, oder fallen – es gibt kein Zurück« • Nach dem deutschen Rückzug suchten die Einwohner ihre Angehörigen, die bei Partisaneneinheiten gekämpft hatten. Hier finden Eltern bei Pjatigorsk ihren im Eis erstarrten Sohn.

Am Wege des Rückzugs machten Hans Schürer, Dr. Hermann Schmidt und Toni Hupfloher drei Aufnahmen, fotografierten drei Szenen, die das ganze Drama eines Rückzugs illustrieren • Links: Der geschlagene Landser, müde strapaziert, aber noch zum Kampf entschlossen • Oben: Zwei resignierende Verwundete, die beim Gefechtstroß hocken und auf Versorgung warten – oder auf das Ende der Reise • Unten: So erwischten sowjetische Tiefflieger immer wieder die deutschen Kolonnen.

276/277

Die Freiwilligen.
In allen Ländern Europas wurde eine Freiwilligenbewegung mobilisiert zum Kampf gegen die Rote Armee. Links oben: Von Vernay geht ein Transportzug mit französischen Freiwilligen ab • Mitte: Ankunft in Polen – noch in französischer Uniform • Unten: Leutnant Lovis mit seinem Zug auf dem Marsch in den Kampfraum der 7. I. D. • Die Franzosen brachten in der Schlacht um Moskau schwere Opfer • Oben: Die spanische ›Blaue Division‹ hat sich vor allem nördlich des Ilmen-Sees und vor Leningrad ein Denkmal der Tapferkeit gesetzt. Hier das 1. Bataillon Infanterieregiment 269 • Dazu UNTERNEHMEN BARBAROSSA, Seite 150, 163, 289, 307, 326, 349, und VERBRANNTE ERDE, Seite 220–222.

Sie marschierten auf unserer Seite.

Der ideologisch gefärbte Krieg sprengte die Fronten. Wlassow entschied sich gegen Stalin und für Deutschland • Russische Kosakenschwadronen ritten in feldgrauer Uniform, ihr Landeszeichen am Ärmel (unten) • Die 2. ungarische Armee des Reichsverwesers Horthy focht am Don (rechts oben) • Wlassow-Soldaten wurden am Donez als Wehrmachteinheiten ausgebildet (unten Mitte) • »Im Dienst der Deutschen Wehrmacht« stand auf der Armbinde, die der russische Ortswehrmann trug • Für die Französischen Freiwilligen hatte die Regierung Pétain einen Tapferkeitsorden gestiftet. Er darf nicht mehr öffentlich getragen werden, wird aber im Militärmuseum in Paris gezeigt • Leon Degrelle von der Wallonischen Legion (rechts Mitte).

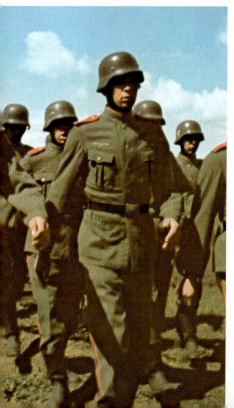

Die Rumänen.

Mit zwei Armeen kämpfte der Marschall Antonescu (rechts) gegen die Sowjetunion • Rumänische Verbände besetzten Odessa (oben) • Rumänische Korps standen auch im Kubanbrückenkopf, den ein ungewöhnliches militärisches Transportmittel, eine Seilbahn über die Straße von Kertsch, mit der Krim verband • Bei Pjatigorsk, am Rande des Elbrus-Massivs, fochten rumänische Gebirgsjäger im Verband der 3. Panzerdivision.

Der Marsch übers Meer.
Sie haben es geschafft. Die eingefrorenen Boote und das verwehte Schilf lassen aufatmen: Das Ufer des Asowschen Meeres ist erreicht. 42 Kilometer mußten Teile der 1. Panzerarmee über das zugefrorene Asowsche Meer marschieren, um der sowjetischen Einkesselung zu entkommen • Geschafft! Die dreißigtägige Reise vom Terek zum Don ist geglückt. Es war ein Wettrennen mit Wetter und Feind • Dazu VERBRANNTE ERDE, Seite 124–125.

Als Stalin die 17. Armee fangen wollte.

Mit einer amphibischen Operation in der Osereikabucht wollte Stalin im Februar 1943 der 17. Armee den Rückweg abschneiden. Es wurde eine schwere russische Niederlage. Abgeschossene Sowjetpanzer amerikanischer Herkunft und gestrandete Landungsschiffe säumen den Osereika-Strand (links) • Am Myschako-Berg aber konnte die Rote Armee Fuß fassen (links unten) • Im September 1943 begann der Endkampf um Noworossisk. Die Zementfabrik (unten) war heißumkämpfter Punkt. Dazu VERBRANNTE ERDE, Seite 138–154.

286/287

Die Schlacht im Kubanbrückenkopf.
Die 17. Armee hielt acht Monate lang den Kubanbrückenkopf als Sprungbrett nach Asien. Vor sich einen entschlossenen Feind, im Rücken das Meer. Infanteristen, Panzermänner und Gebirgsjäger fochten auf einem Kriegsschauplatz, wo es vom ersten Tag an am seidenen Faden hing, ob die Armee im Falle eines sowjetischen Durchbruchs rechtzeitig über die Straße von Kertsch auf die Krim gelangen würde • Unten: Abgeschossener Panzer amerikanischer Herkunft vor einer deutschen Stellung.

Gültig für freie Urlaubsreisen auf kleinen Wehrmachtfahrschein

Kriegsurlaubsschein

160

Erholungsurlaub

Hauptmann Paul Stöcker
(Dienstgrad, Vor- und Zuname)

Einheit Feldp. No. 31 839 A
(Truppenteil)

Umsteigebahnhof Wolkowysk
Abfahrt am 9.6.43 mit SF 74

ist vom _____ 194__ bis einschl. _____ 194__ Uhr beurlaubt

Eintreffen am 3. Juli 1943

nach Gronau (Westf.) nächster Bahnhof Gronau

nach Lippstadt (Westf.) nächster Bahnhof Lippstadt

nach Westendorf (Tirol) nächster Bahnhof Westendorf

Er reist auf kleinen Wehrmachtfahrschein. Die Inanspruchnahme von Wehrmachtfahrkarten oder Fahrkarten des öffentlichen Verkehrs für die im Wehrmachtfahrschein bezeichnete Strecke ist verboten.

Ueber die umstehenden Befehle ist er belehrt worden.

URLAUBER-PLATZMARKE
Tag der Abfahrt des SF-Zuges vom Ausgangsbahnhof
SMOLENSK
8. Juni

Ausgefertigt am 6. Juni 194__

Einheit Feldp. No. 31 839
(Truppenteil)

Major und Abteilungskommandeur

E-Schein
Entlausungsschein

Der Inhaber dieser Bescheinigung

(Name) (Feldpost-Nummer)

Zwischen Smolensk und Westendorf.

Es war ein langer Weg – von der Schreibstube (oben), wo es den Urlaubsschein gab, über die Entlausungsstation, und dann, mit den Päckchen der Kameraden beladen, mit dem Zug nach Frankfurt am Main. Die Fotos unten zeigen eine andere Reise: Die 15. I. D. fährt Anfang 1943 von La Rochelle in Frankreich direkt an die Front nach Sinelnikowo: Verpflegungsrast in Hanau • Kaffeeempfang in Terespol • Dazu VERBRANNTE ERDE, Seite 167.

Der Urlaub ist zu Ende.

Zum rettenden Ufer.
Monatelang hatten die Männer von Generaloberst Ruoffs 17. Armee sehnsüchtig hinübergeblickt nach Kertsch, dem rettenden Krimufer jenseits der Taman-Halbinsel (oben) • Ende September 43 war es dann soweit: Der Kubanbrückenkopf wurde geräumt, die 17. Armee mit Marine- und Pionierfahrzeugen auf die Krim übergesetzt (unten rechts) • Ein VW-Schwimmkübel versah den Meldedienst zwischen den verschiedenen Anlegestellen • Die mächtige Sprengwolke kündete an, daß die Letzten vom Kubanbrückenkopf in die Boote gegangen waren.

Man zog durchs Land, zog über Ströme.
Und oft war weit und breit keine Kriegsmaschine, kein Panzer und kein Lkw. Da kam das alte Wort zu Ehren: Soldaten, Kameraden • Links: Das war bei Starobelsk am Jahresbeginn 1943, als Feldmarschall von Manstein die gefährliche sowjetische Offensive zwischen Donez und Dnjepr stoppte und die dritte Schlacht um Charkow schlug. Verwundete der 19. Panzerdivision ziehen im eisigen Winterwetter dem Feldlazarett zu • Oben: Das war der alte sowjetische Brückensteg über den Dnjepr bei Dnjepropetrowsk. Russen tragen einen verwundeten Kameraden aufs Westufer.

An Rußlands Straßen lagen nicht nur Dörfer.
Metropolis! Diesmal ein russisches Foto von den mächtigen Burgen am Roten Platz von Charkow, deren Einfahrten wie düstere, alles verschlingende Mäuler anmuten • Die Bauernkaten und die morschen Zäune an den verschlammten Wegen waren das andere Rußland, das den Landsern begegnete, wenn sie schwerbepackt ihres Weges zogen. Hier ein Kampftrupp der 20. Panzergrenadierdivision im Smolensker Bogen.

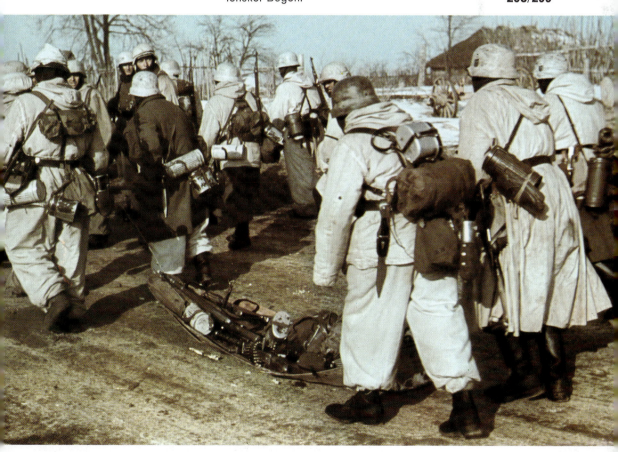

**VII.
»Unternehmen Zitadelle«**
›Panther‹ und ›Tiger‹ sollen im Kursker
Bogen die Wende bringen

Erich Bauer fotografierte dieses Stilleben am Rande der Schlacht. Juli 1943, südlich Orel. Ein Stück vom Kampfraum der Operation ›Zitadelle‹, die Schlacht, von der sich Hitler die große Wende versprach. In seinem Operationsplan Nr. 6 verfügte er: »Jeder Führer, jeder Mann muß von der entscheidenden Bedeutung dieses Angriffs durchdrungen sein. Der Sieg von Kursk muß für die Welt wie ein Fanal wirken.« In Punkt 7 befahl er: »Es muß dieses Mal auf jeden Fall erreicht werden, daß nicht wieder durch Unvorsichtigkeit oder Nachlässigkeit etwas von den Absichten verraten wird...« Hitler wußte nicht, daß Angriffsbeginn und Operationsplan im selben Augenblick schon verraten waren und daß die Rote Armee wohlvorbereitet auf die deutschen Divisionen wartete.

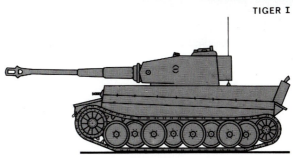
TIGER I

Trümpfe der Sommerschlacht.
Der ›Tiger‹, das Raubtier aus Stahl, war die erfolgreichste deutsche Panzerkonstruktion des zweiten Weltkriegs (links). Der Panzer VI, wie er offiziell hieß, war mit der 8,8-cm-Kanone ausgestattet • »Acht, acht« – jeder Rotarmist, jeder Tommy in Afrika kannte das Geschütz, das sich im Erdkampf und bei der Flugzeugabwehr als eine ideale Waffe erwiesen hatte (oben) • Das sowjetische Sturmgeschütz mit der 12,5-cm-Kanone (unten) war gefährlich, aber zu schwerfällig; das abgebildete wurde mit drei Schuß einer 8,8 geknackt • Links: Panzer IV.

»Die Italiener sind weggeblasen.«
Das waren die Worte, mit denen General Badanow am 24. Dezember 1942 seinen Lagebericht vom Don an die 1. Garde-Armee begann. Auch bei den Ungarn krachte die Donfront. Die Sowjets stießen nach dem Erfolg bei Stalingrad gegen den Strom und drückten die schwachen Verteidigungsstellungen der deutschen Verbündeten ein. Kesselschlachten. Abwehrchaos. Auflösung (oben) • Wo ist der Feind? Ein Magnesiumschirm macht die Landschaft taghell. Das Kusselgebiet, in dem der Russe sitzt, wird überschaubar. Feuer! Die Leuchtspur des MG zeigt den Weg der Garbe • Dazu UNTERNEHMEN BARBAROSSA, Seite 538, und VERBRANNTE ERDE, Seite 104–110.

Viermal Charkow.

Viermal wechselte Charkow im Laufe des Krieges den Besitzer. Oben links: Bei der Sommerschlacht 1942 im Raum Charkow entstand dieses ungewöhnliche Fotodokument: Ein kombinierter Angriff mit Kavallerie, Panzern und Flugzeugen • Obergruppenführer Hausser (oben) mußte mit der Waffen-SS im Februar 1943 aus Charkow weichen, eroberte die Stadt aber im März zurück (unten) • Im August 1943 sind die Sowjets wieder als Sieger im leidgeprüften Charkow • Dazu VERBRANNTE ERDE, Seite 155 und 270.

›Dora‹ an ›Direktor‹.
Hier eine der seltenen Privataufnahmen, die es vom Führerhauptquartier ›Wolfsschanze‹ gibt. Das Foto zeigt Feldmarschall Keitel und Reichsaußenminister von Ribbentrop vor Keitels Arbeitsbunker (oben) • Die Anlage befand sich in einem dichten Wald bei Rastenburg und war gesichert und getarnt wie kein anderes Feldlager der Welt. Alle Außenwände der Betonbarracken waren mit künstlichem Laub bespannt, die Dächer mit Strauchwerk bepflanzt. Niemals wurde die ›Wolfsschanze‹ von der Feindaufklärung ausgemacht. Trotzdem gelangten aus dieser bestgehüteten Festung der Welt die bestgehüteten Geheimnisse in die Nachrichtenzentrale der Roten Armee • ›Dora‹ an ›Direktor‹ – zwei Funksprüche aus dem Funkverkehr zwischen dem Agenten ›Dora‹ in der Schweiz und dem ›Direktor‹ in Moskau • Dazu UNTERNEHMEN BARBAROSSA, Seite 90, und VERBRANNTE ERDE, Seite 82–101.

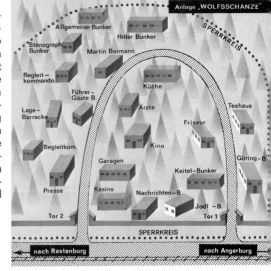

10.6.43
----

dora an direktor: von werther, 4.6. ... im bereich der 2. armee
und 4.armee in vollzug begriffene bewegungen der zum angriff
auf kursk bereitgestellten motorisierten truppen wurden am 28.
mai ploetzlich auf befehl mansteins rueckgaengig gemacht. ...

12.6.1943
----

direktor an dora: geben sie an lucie auftrag, durch mitarbeiter
sofort festzustellen alle angaben ueber schwere panzer, genannt
panther.
wichtig ist:
1. konstruktion dieses panzers und technische charakteristik
2. konstruktion seiner panzerung
3. einrichtung des feuerwerfers und fuer vernebelung
4. standorte der betriebe, welche diesen panzer produzieren,
   und wie hoch ist die produktion monatlich?

»Die besten Verbände, die besten Waffen...«
So befahl es Hitler für die Kursker Schlacht. ›Tiger‹ rollten an die Front • Und der fernlenkbare Kleinstpanzer ›Goliath‹ stand bereit • In den neuen Kampfpanzer ›Panther‹ mit der rasanten 7,5-cm-Langrohrkanone setzte Hitler ganz besondere Hoffnungen (unten) • Der altbewährte Schießbecher für Gewehrgranaten war in großen Massen produziert • Der erfolgreichste Panzerknacker aus der Luft, Oberst Rudel, hatte die JU 87 G mit einer Panzerkanone ausstatten lassen • Das As aber war der rollende Artilleriebunker ›Tiger Ferdinand‹. Den Namen hatte dieser Riese nach seinem Konstrukteur Ferdinand Porsche • Und noch eine Waffe besonderer Art: der schwere Panzerjäger Kaliber 12,8 cm (rechts unten).

Ausstattung „Zitadelle"
für Nordgruppe (9. Armee)

Verpflegung. 10 Tagessätze 266 000 Mann	**5 320 t**	266 Güterwagen
Munition.	**12 300 t**	615 Güterwagen
Futter. für 50 000 Pferde	**6 000 t**	300 Güterwagen
Betriebsstoff.	**11 182 cbm**	82 Betr.st.Züge

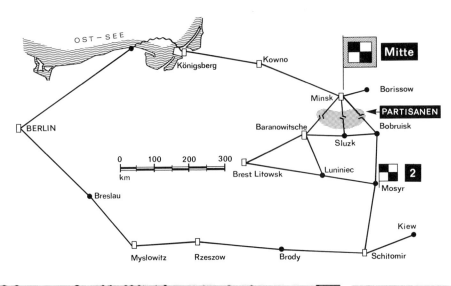

Da die Verbindung von der Heeresgruppe Mitte in Minsk zur 2. Armee durch ein von Partisanen beherrschtes Gebiet lief, waren die Leitungen ständig zerstört. Die Partisanen waren nicht zu vernichten, so schaltete der Nachrichtenführer, General Praun, die Leitung für 300 Kilometer durch halb Europa. Eine großartige Leistung – aber was für ein Aufwand, den die Partisanen erzwangen.

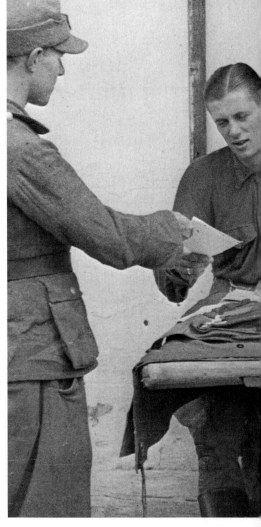

Wissen ist Macht.
Die Nachrichtenzentrale ist das Gehirn des Krieges, die Nachricht die Urzelle aller militärischen Vorgänge: Grundlage des Lageberichts, des Operationsplans, der Weisung, des Befehls. Aus all diesen Gründen ist die Nachrichtentruppe eine entscheidende Waffengattung • An dem Leitungsnetz einer Nahaufklärerstaffel wird eine Störung gesucht (links) • Wie weit hat sich die Truppe abgesetzt, wo fechten die Nachhuten, wo steht der Gegner? Das waren oft Existenzfragen für ganze Armeen. Die Funk- und Fernsprüche liefen beim Leiter des Nachrichtenbetriebes zusammen (Mitte) • Der Armeeführer brauchte gerade in schwierigen Zeiten für seine Entschlüsse die zuverlässige Nachricht über die Lage. Rechts: Generaloberst von Weichs als Oberbefehlshaber der Heeresgruppe B.

Funkstelle und Meldereiter.
Wo ein Funkwagen war, da gab es Verbindung zu den Kommandostellen, das hieß Hilfe, Befehl, Rat, Entscheidung in schwierigen Lagen • Oben: Vorn in der Hauptkampflinie war das tragbare Funkgerät die Verbindung zwischen Stab und Truppe (rechts der Sender, links der Empfänger mit Batteriekasten) • Einen Krieg eigener Art führte der Lauschtrupp. Er zapfte direkt oder durch Induktion die feindlichen Telefonleitungen an und hörte die Gespräche ab. Der Arbeit dieser Lauschtrupps war mancher militärische Erfolg zu verdanken (Mitte) • Aber wenn alle Drähte zerschossen und die Funklinien unterbrochen waren, dann half nur der Meldereiter alter Schule • Dazu VERBRANNTE ERDE, Seite 169–174.

Bomben und Granaten.
Jede Schlacht wurde vom Trommelfeuer der Geschütze eröffnet • Rechts: Ein schwerer deutscher Mörser • Unten: Ein sowjetisches Feldgeschütz. Meisterlich handhaben die Sowjets den artilleristischen Kampf. »Die Artillerie ist die Königin aller Waffen« war ein Wort Stalins • Um die massierten Artilleriestellungen und Pak-Riegel der Russen auszuschalten, waren die deutschen Fliegerbomben SD 1 und SD 2 entwickelt worden: Behälter in Bombenform, die mit 180 oder 360 Zwei- und Ein-Kilo-Bomben gefüllt waren. Die Behälter öffneten sich kurz über dem Boden und streuten die hochexplosiven Kleinbomben in die feindlichen Stellungen. Die Wirkung war verheerend.

Sanitäter, Sanitäter!
Wenn dieser Ruf übers Schlachtfeld klagte, begann die Arbeit der Sanis. Nach der notdürftigen Versorgung in der Feuerlinie wurde der Verletzte ins Verwundetennest gebracht, eine geschützte Stelle in der Kampflinie. Dann auf den Truppenverbandsplatz. Und von dort über den Wagenhalteplatz (rechts) im organisierten oder improvisierten Transport zum Hauptverbandsplatz.

Die barmherzige Flotte.
Nach Großkampftagen wurden die Feldflugplätze zu riesigen Verwundetenlagern. Die Sanitäts-Ju landeten und starteten, um die Verwundeten in die großen Lazarette und Spezialkliniken in Deutschland zu bringen. Zu den helfenden Händen gehörten neben den deutschen Schwestern und Ärzten nicht selten sowjetische Feldscherinnen: Gut ausgebildete, tüchtige Frauen (oben). In einem Spezialkoffer war ihr medizinisches Handwerkszeug untergebracht.

Oben: Im Lazarettzug • Darunter: Verwundeter Offizier mit Begleitzettel; die beiden roten Streifen bedeuten »Nicht transportfähig« • Rechts: Auf dem Stroh des Hauptverbandsplatzes.

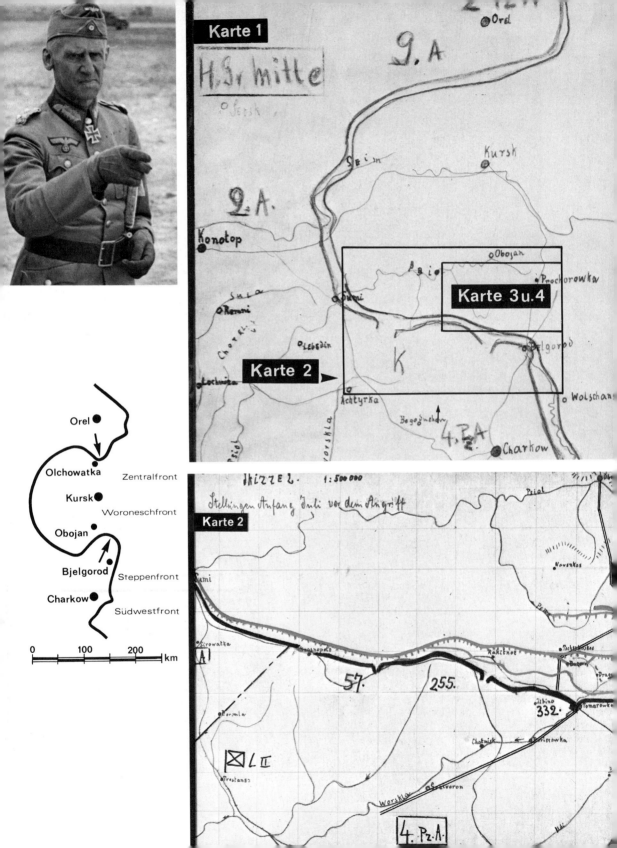

Die Entscheidungsschlacht im Osten.

Im Kursker Bogen wollte Hitler im Sommer 1943 Stalingrad wettmachen und die Initiative wiedergewinnen. Sein Plan scheiterte. Die Handskizzen vom Befehlshaber der 4. Panzerarmee, Generaloberst Hoth (links oben), die auf dieser und den nächsten Seiten zum ersten Mal veröffentlicht werden, lassen nüchtern und sachlich den Verlauf der Schlacht erkennen • Kurz vor dem deutschen Angriff besichtigte der russische Gegenspieler im nördlichen Sektor der Operation ›Zitadelle‹, Armeegeneral Rokossowski (oben mit Karte) mit den Offizieren seines Stabes die Front • Unten: Die Stadt Bjelgorod, Drehpunkt zwischen 4. Panzerarmee und Armeeabteilung Kempf • Dazu VERBRANNTE ERDE, Seite 3–81.

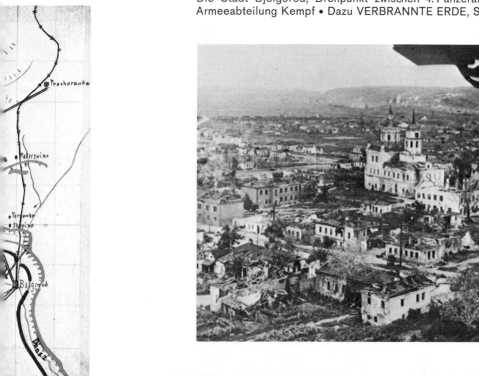

Achtung Minen.

Minenräumen war das gefährliche Geschäft vor jeder Schlacht. Für Infanterie und Panzer mußten Gassen geräumt werden – man spürte die Teufelseier mit dem elektrischen Suchgerät auf (links) oder einfach mit dem stochernden Bajonett (rechts). Links unten: Sowjets räumen deutsche Panzerminen. Daneben: sowjetische Kastenminen werden von deutschen Pionieren ausgebuddelt. Dazu VERBRANNTE ERDE, Seite 21–22.

Die ›Tiger‹ kommen.

Ein charakteristisches Bild vom Rußlandkrieg des Jahres 1943/44: Die schweren Panzer schlugen als rollende Festungen den Kampfgruppen den Weg. Oben: Feldwebel Strippel war einer der erfolgreichsten Panzerkommandanten. Er gehörte zur 1. Panzerdivision und erhielt für 70 Panzerabschüsse das Ritterkreuz mit Eichenlaub. Unten: Eine Meldekapsel, wie sie Flieger auf dem Schlachtfeld abwarfen, wenn sie wichtige Beobachtungen gemacht hatten. Die Kapsel entwickelte Rauchschwaden, damit sie leichter gefunden werden konnte • Dazu VERBRANNTE ERDE, Seite 58.

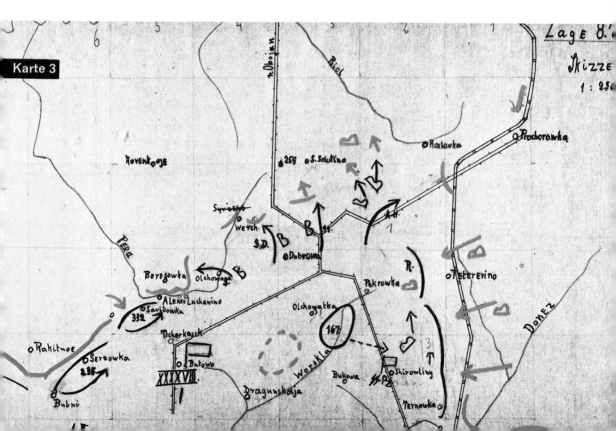

Panzer nach vorn!

Das war der klassische Befehl des letzten Krieges. Die rollenden Kampfmaschinen traten an die Stelle der Kavallerieattacke vergangener Schlachten. Panzerangriffe bedeuteten härtesten Einsatz. In der Zieloptik seines ›Tiger Ferdinand‹ sah der Geschützführer ganz genau den Abschuß eines T 34. Entfernung 2 000 Meter. Nach den Stacheln in der Optik stellte er den Vorhaltewinkel ein • Im benachbarten Panzer VI hat der Kommandant gerade das Kommando gegeben: »Turm drei Uhr, Panzerfeind, Feuer frei!« • Die Infanteristen gehen in Deckung, da bellt auch schon die 8,8 • Und drüben hat es den T 34 erwischt • Die Kampflage am 8. Juli mittags im südlichen Sektor zeigt die Skizze von Generaloberst Hoth • Auf der Gegenseite führte an diesem Frontabschnitt der kühne und begabte Armeeführer Watutin (unten) • Für die sowjetische Luftaufklärung waren die deutschen Ausgangsstellungen bei Bjelgorod kein Geheimnis; sie hatten sie sehr genau fotografiert.

Die entscheidende Phase der Operation ›Zitadelle‹.
Grenadiere, auf Panzern aufgesessen, fahren in strömendem Regen zu einem der letzten Versuche vor, die sowjetische Front vor Obojan aufzubrechen • Es ist der 12. Juli. Die Sowjets führen überall Reserven heran (Karte) • Russische Gegenangriffe und tiefgestaffelte Pak-Stellungen stoppen den deutschen Angriff (rechts). Auf dem Baum der Artilleriebeobachter. Feldgeschütze in offener Feuerstellung unterstützen den Angriff der Infanterie.

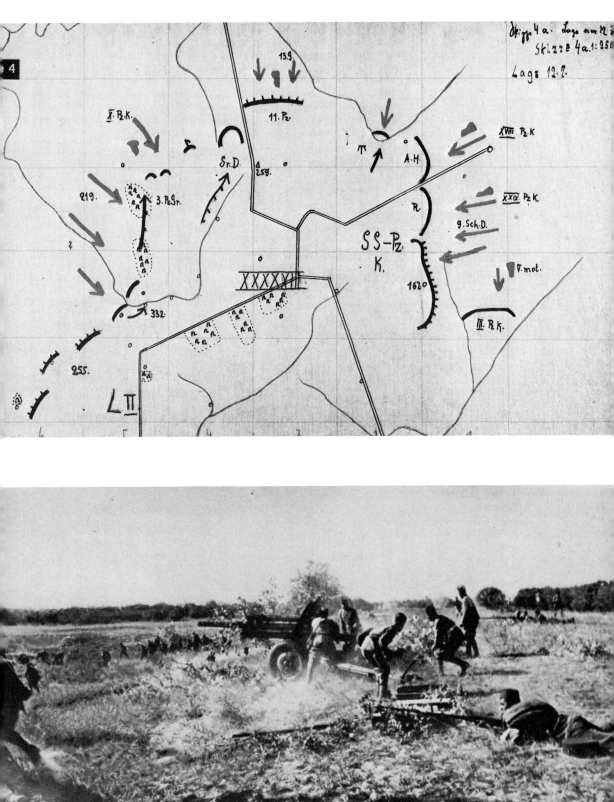

Bretter, die die Welt bedeuten.
Millionen Soldaten brauchten auch Unterhaltung und Entspannung in des Wortes ursprünglicher Bedeutung. Es gab Tingeltangel. Es gab Kabarett. Es gab Operette und auch anspruchsvolle Oper. Links: ›Die Panzersprenggranate‹ war ein weithin bekanntes Kabarett in Charkow • Am 29. Mai 1943 stand auf dem Theaterzettel des Stadttheaters Poltawa ›Der Zigeunerbaron‹. Eine Aufführung von russischen Künstlern, inszeniert von Siegfried Paul Wölffer. Aus dem Parkett schoß Dr. Ott die Aufnahme auf der Umseite aus der Einlage ›Musikalisches Mosaik‹.

334/335

Stadttheater Poltawa

Der Zigeunerbaron

Operette in drei Akten von Johann Strauss

Personen:

Graf Homonay, Husar . . . . . . Nikolaj Wlassow
Sandor Barinkay . . . . Nikolaj Maschenko
Zsupan, Schweinezüchter . . Konstantin Schwedow
Arsena, seine Tochter . . . . Euphrosinia Nossowa
Mirabella, Arsenas Erzieherin . . Helene Borisowa
Ottokar, ihr Sohn . . . . Wassili Tarassow
Canero, Advokat . . . . Iwan Lasorenko
Czipra, alte Zigeunerin . . . . . Tamara Nikolenko
Saffi, ihre Tochter . . . . Violetta Bagmet
Pali, Zigeuner . . . . Jakow Kladowij

Im zweiten Akt: Ballett-Einlage
(nach der II. Ungarischen Rhapsodie von Franz Liszt)

Pause nach dem I. und II. Akt

Musikalische Leitung: Hermann Schjukowski
Bühnenbilder: Leonid Reprinzew
Choreinstudierung: Pawel Schapowalenko
Ballettmeister: Juro Kusmenko
Inszenierung: Obergefr. Siegfried Paul Wölffer

Witebsk.
Die alte Gebietshauptstadt in Weißrußland bot ein Städtebild, das wie eine Theaterkulisse aussieht. Es gab auch ein reges Theaterleben. Hier gastierte so manche Schauspieler- und Komödiantengruppe • Rechts oben: Begrüßung eines Operettenensembles • Unten: ein beliebter Bauchredner, der immer »ein volles Haus« hatte.

Vermißt.
Es wird berichtet, daß eine der Tänzerinnen des Fronttheater-Balletts in Witebsk bei einem Luftangriff auf Berlin ein Bein verloren hatte und deshalb mit einer Unterschenkelprothese tanzte. Die Landser sollen sie ganz besonders gefeiert haben. Wahrheit? Oder eine jener Legenden, wie sie gern unter Soldaten gedeihen? Gesicherte Wahrheit aber ist, daß Ballett und Theatergruppe verschollen sind – vermißt, wie der offizielle Sprachgebrauch lautet, untergegangen, umgekommen im Strudel der blutigen Sommerschlacht um den ›festen Platz‹ Witebsk, wo sie bis zuletzt aushielten.

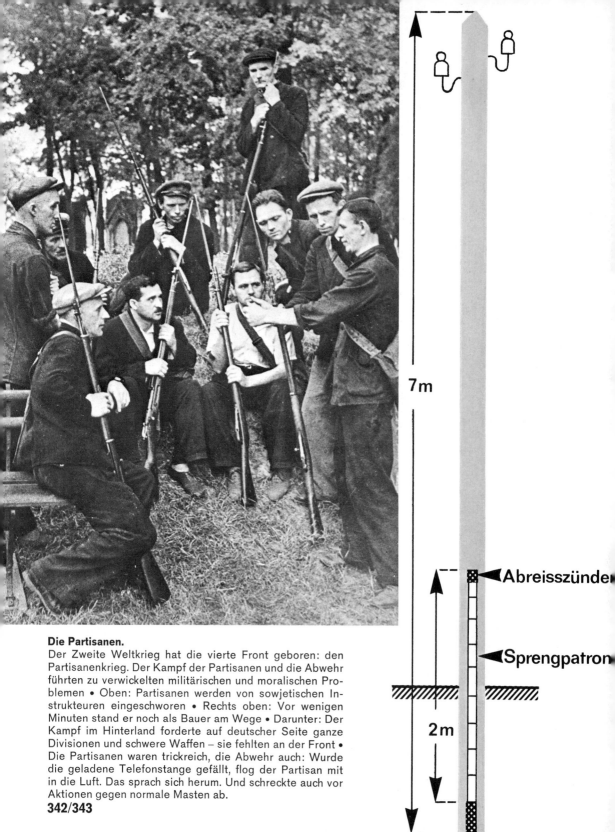

Die Partisanen.
Der Zweite Weltkrieg hat die vierte Front geboren: den Partisanenkrieg. Der Kampf der Partisanen und die Abwehr führten zu verwickelten militärischen und moralischen Problemen • Oben: Partisanen werden von sowjetischen Instrukteuren eingeschworen • Rechts oben: Vor wenigen Minuten stand er noch als Bauer am Wege • Darunter: Der Kampf im Hinterland forderte auf deutscher Seite ganze Divisionen und schwere Waffen – sie fehlten an der Front • Die Partisanen waren trickreich, die Abwehr auch: Wurde die geladene Telefonstange gefällt, flog der Partisan mit in die Luft. Das sprach sich herum. Und schreckte auch vor Aktionen gegen normale Masten ab.

Chruschtschows Idee: Panzer eingraben.
Als die Kursker Schlacht ihrem Höhepunkt zustrebte, ließ Chruschtschow entgegen dem Befehl Stalins alle verfügbaren Panzer zu einer mächtigen Pak-Front eingraben (links unten). An dieser Abwehrfront lief sich der letzte deutsche Angriff fest • Links: Ein surrealistisches Gemälde zauberte das Feuer von Panzerabschüssen und glühenden Granatsplittern beim nächtlichen Panzerduell vor Prochorowka auf den Film • Unten: Der sowjetische Granatwerfer Kaliber 12 Zentimeter war eine gefürchtete Waffe. Die Rote Armee war mit »der Kanone des Infanteristen« verschwenderisch ausgestattet; viel besser als die deutsche Wehrmacht. Die Sowjets machten daraus eine schlagkräftige Propagandaparole: »Jeder zweite deutsche Soldat hat das EK, jeder zweite Rotarmist einen Granatwerfer.« • Dazu VERBRANNTE ERDE, Seite 52–74.

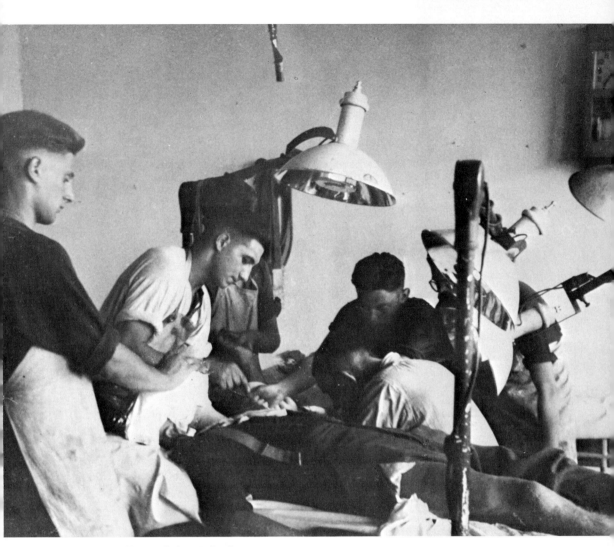

Es geschah in Achtyrka.
Die Kursker Schlacht forderte auf deutscher Seite in zwölf Tagen rund 34 000 Verwundete und 7 000 Tote. In einer Schule am Stadtrand von Achtyrka war eins der vielen Lazarette untergebracht. Fieberhaft arbeiteten die Chirurgen (oben). Vier Stunden nach dieser Aufnahme fielen die Ärzte mitten bei der Arbeit dem Bombenvolltreffer eines Luftangriffs zum Opfer • Sie wurden auf dem Soldatenfriedhof beerdigt. Reisig und Sand deckte die verschiedenen Lagen der Toten im Massengrab • Drei Tage später war im Kursker Bogen die Schlacht verloren. Der Russe kam. Die Gräber wurden eingeebnet, um dem Feind keine Information zu hinterlassen.

Die Schlacht ist verloren.
Der deutsche Soldat zeigt ein anderes Gesicht als 1941 oder 1942 • Und es sind russische Fotos, die nun das siegreich behauptete Schlachtfeld zeigen, besät mit deutschen Gefallenen • Die deutschen Bilder spiegeln die Verwirrung des Rückzugs wider • Die Spruchbänder der Russen in den Ausbildungslagern tragen stolze Parolen: »Die Rote Armee ... warf die Deutschen 600–700 Kilometer nach Westen zurück.«

В зимнее наступление Красная Армия уничтожила 2 отборные фашистские армии под Сталинградом, разбила и пленила румынскую, итальянскую и венгерскую армии, отбросила немцев на 600-700 километров на запад.

Das Kämpfen ist nur ein Teil des Krieges.
Der andere Teil ist marschieren, arbeiten und leiden. Links: Im Verwundetennest an einer geschützten Stelle der Kampflinie liegt der Korporal, dem es den Arm zerfetzt hat. Zum Glück ist der Sanitätsunteroffizier vorn. Mit der Kleiderschere legt er die Wunde frei, um sie fachgerecht zu verbinden. • Jenseits des Flüßchens liegt die Sanitäts-Transportkolonne fest (oben) • An ihr vorbei zieht der Chef einer Artillerie-Batterie und erkundet das Gelände nach einer Feuerstellung.

VIII.
Verbrannte Erde
Der Rückzug zum Dnjepr

Der Spätsommer 1943 brachte am Südflügel die vierte Schlacht um Charkow. Manstein gab die Donez-Metropole auf. Vier Zahlen belegen, daß er recht hatte: Die Heeresgruppe Süd besaß 1943 im Herbst 60 Divisionen mit 720 000 Soldaten. Die Sowjets dagegen hatten im selben Frontabschnitt 264 Divisionen mit 1 700 000 Soldaten stehen. Bei dieser Lage bot nur ein rechtzeitiger Rückzug hinter den breiten Dnjepr noch Aussicht auf eine wirksame Verteidigung. Hitler stimmte dem Rückzug der Südfront zu. Um dem Feind in dem aufgegebenen Gebiet keine Reserven zu hinterlassen, sollte das Land leergefegt und zerstört werden: Verbrannte Erde. Ein Wahrzeichen im großen Dnjeprbogen, die Gebietskirche von Krementschug blieb verschont.

Verbrannte Erde.
»Was nicht abtransportiert werden kann, muß vernichtet werden«, so hatte Stalins Befehl vom 3. Juli 1941 gelautet, als große Teile des Landes dem ›deutschen Blitz‹ preisgegeben werden mußten. Als die Rote Armee im September 1943 den deutschen Rückzug zum Dnjepr erzwingt, befiehlt Hitler dasselbe: »Jede Ortschaft muß niedergebrannt werden.« Und das unglückliche Land brennt (unten) • Das ostwärtige Ufer des Dnjepr ist eine qualmende Hölle (rechts) • Dazu VERBRANNTE ERDE, Seite 289–297.

Rollbahn für Pferde und Schweine.
An verbrannten Scheunen und gesprengten Fabriken vorbei werden Pferde Schweine, Rinder und Schafe nach Westen getrieben, dem Dnjepr zu • Und während die Sonne von den wogenden Staubwolken der nicht endenden Trecks verdunkelt wurde, rollen über die Schienen zwischen Stalino und Kiew 3 000 Züge mit dem beweglichen Inventar eines 300 Kilometer breiten Landstrichs. Hinter dem letzten Waggon werden die Schienen gesprengt • Dazu VERBRANNTE ERDE, Seite 294.

153 000

200 000

270 000

Drei Zahlen aus der Statistik der großen Trecks hinter dem Dnjepr.

Es war eine gespenstische Völkerwanderung.
Zu Pferd, zu Fuß, auf Karren und Wagen treckte die Zivilbevölkerung mit den deutschen Divisionen hinter den Dnjepr. Wie vorgeschichtliche Sippengemeinschaften bezogen die Frauen und Kinder nachts ihre Wagenburgen • Viele warteten verwirrt und verzweifelt mit der letzten Habe auf einer zerstörten Kleinbahnstation. Worauf?
358/359

Der rettende Dnjepr.

Der mächtige Strom sollte zum Ostwall werden, seine Städte Festungen gegen die Rote Armee • Zweite Reihe links: Dnjepropetrowsk, das Duisburg der Sowjetunion. Daneben: Die gesprengte Brücke von Krementschug • Der Staudamm von Saporoschje war das Energiezentrum des westukrainischen Industriegebietes. Hitler legte sechs Divisionen und ein Panzerregiment in die Stadt. Aber der Russe griff mit zehnfacher Übermacht an • Untere Reihe von links nach rechts: Generaloberst von Mackensen am Staudamm • Am 14. Oktober werden die Sprengkammern geladen • In der Nacht zum 15. wird der Damm in die Luft gejagt • Dazu VERBRANNTE ERDE, Seite 331–336.

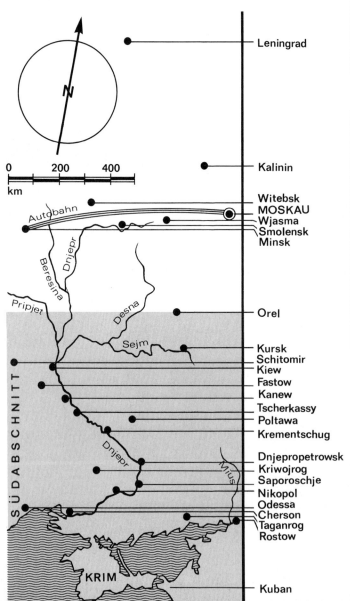

Der Kampf um den Strom.
Verwegene Stoßtrupps – wie dieser, der bei Kischinew am Dnjestr fotografiert wurde – sichern die Brückenstellen der Flüsse gegen Partisanen und Kommandotruppen der Roten Armee • Bei Tscherkassy geht eine Sanitätskompanie des Panzergrenadierregiments 3 über den Fluß • Sturmgeschütze verteidigen die rettenden Brückenköpfe gegen feindliche Panzerstöße.

Unterwasserbrücken und Luftlandungen.
Mit allen Mitteln versuchten die Sowjets, vor den Deutschen über den Dnjepr zu kommen. Fast unsichtbar waren die Unterwasserstege (links) • In Ein-Mann-Booten gingen die Gardisten der Kommandotrupps über den Fluß • Das Rote Oberkommando setzte drei Brigaden Fallschirmjäger im Rücken der deutschen Front ein (unten), um die deutsche Dnjepr-Verteidigung zum Einsturz zu bringen • General Nehring (rechts) zerschlug bei Bukrin mit seinem 24. Panzerkorps den gefährlichen Großeinsatz sowjetischer Luftlandetruppen •

364/365

Panzer, Panzer, Panzer.
Es nützte keine Tapferkeit und keine Führungskunst: Die Russen waren Ende 1943 zahlenmäßig stärker und besser bewaffnet als die abgekämpften deutschen Verbände. Mit mächtigen Panzerstößen greifen sie die Dnjepr-Brückenköpfe an (links) • Die deutschen Grenadiere fechten verzweifelt (oben) • Aber sie haben keine Panzer mehr; die gingen beim Rückzug verloren oder mußten wegen Spritmangel gesprengt werden. Statt ›mot.‹ hieß es bei den Divisionen wieder ›hot‹ (unten).

Der Hinterhof der Front.
Jeden Urlauber durchfuhr der Schreck, wenn er aus dem Zug stieg und das Wort »Auffangstab« las. Das hieß, vom Bahnhof weg in eine zusammengewürfelte Einheit gesteckt und irgendwohin an eine gefährdete Frontstelle geworfen werden • Man stand mit Leuten in der Schlange zur Registrierung, die man nie gesehen hatte (oben) • Fuhr im Waggon mit Offizieren und Unterführern, die man nicht einmal dem Namen nach kannte • Und dann wartete man wieder irgendwo an einer Mauer auf irgendeinen Befehl. Erich Andres hat es erlebt und fotografiert.

Das Brot.
Das Brot mit dem Gefangenen teilen, das war die Geste des persönlichen Friedensschlusses. Links oben: Eben ist der Iwan gefangen; der deutsche Wachtmeister teilt mit ihm sein Kommißbrot • Darunter: Und hier kommt für den deutschen Unteroffizier der entscheidende Augenblick, da er als Gefangener die erste Brotration vom Iwan erhält • Oben: Alfred Tritschler fotografierte die weißrussische Bäuerin, die ihr Brot schneidet – die ewig ergreifende Geste • Herbert Kuntz machte den Schnappschuß von der jungen Ukrainerin bei Stalino an ihrem Backherd im Freien.

Ein Sonnenblumenfeld wirkte von ferne wie ein glitzerndes Meer • Ungarische Kavallerie.

Drei seltene Foto-Dokumente.
Oben: Festung und Hafen Balaklawa am Südzipfel der Krim nach der Eroberung im November 1941 • Links: Der Chotjou-Tau-Paß in der Elbrusregion mit einem Gletscherüberhang. Ein gefährlicher Weg; denn im Tal saßen die Sowjets • Rechts: Das Parteibuch der Kommunistischen Partei der Sowjetunion in Originalgröße. Es gehörte einem Wolgadeutschen und ist deshalb in Deutsch und Russisch ausgestellt. A. Kobsew ist im Juli 1941 im Raum Minsk gefallen und wurde von einem deutschen Gräberkommando beerdigt • Rechts oben: Die Verleihung der Parteimitgliedschaft an der Front wurde als besondere Verpflichtung aufgefaßt.

ВСЕСОЮЗНАЯ КОММУНИСТИЧЕСКАЯ ПАРТИЯ (б)

СЕКЦИЯ КОММУНИСТИЧЕСКОГО ИНТЕРНАЦИОНАЛА

KOMMUNISTISCHE PARTEI (B) DER SOWJET-UNION

SEKTION DER KOMMUNISTISCHEN INTERNATIONALE

ЦК ВКП(б)

ВСЕСОЮЗНАЯ КОММУНИСТИЧЕСКАЯ ПАРТИЯ (БОЛЬШЕВИКОВ)	KOMMUNISTISCHE PARTEI (Bolschewiki) DER SOWJET-UNION
Пролетарии всех стран, соединяйтесь!	Proletarier aller Länder, vereinigt euch!
ПАРТИЙНЫЙ БИЛЕТ	**PARTEIMITGLIEDSBUCH**
№ 1705136	№ 1705136
Фамилия: Кобзев	Familienname: Kobsew
Имя и отчество: Андрей Петрович	Vor- und Vatersname: Andrej Petrowitsch
Год рождения: 1907	Geburtsjahr: 1907
Время вступления в партию: февраль 1938 г.	Datum des Eintritts in die Partei: Fewral 1938
Наименование организации, выдавшей билет: Терновский канком Немреспублики	Benennung der Organisation, die das Mitgliedsbuch ausgestellt hat: Ternowskaer Kantkom d. ASSR d. Wolgadeutschen
Личная подпись: А. Кобзев	Eigenhändige Unterschrift: A. Kobsew
М. П. Секретарь Райкома: А. Несынов	Sekretär des Raykoms: A. Nesynow
9 августа 1938 г.	9. August 1938

Am Mius.
Zweitausend Kilometer vom deutschen Ruhrgebiet entfernt liegt Mariupol, das russische Bochum am Asowschen Meer mit seinen Hütten- und Walzwerken, Docks und Lagerhäusern • Hier fochten die Männer der wiederaufgestellten 6. Armee im Herbst 1943 eine erbitterte Schlacht: 31 133 Deutsche gegen 136 500 Russen, sieben deutsche Panzer gegen einhundertfünfundsechzig sowjetische! In den Gesichtern der Männer vom 29. Korps spiegelt sich das schreckliche Defizit • Dazu VERBRANNTE ERDE, Seite 279–284.

Das war Chruschtschows Sieg.
Am 1. November 1943 befahl Nikita Sergejewitsch als Kriegsrat der 1. Ukrainischen Front: »Koste es was es wolle, Kiew muß am Jahrestag der Oktoberrevolution fallen.« Links: Am 3. November hämmern zweitausend Geschütze und fünfhundert Stalinorgeln auf die Stadt • Oben: Sowjetische Pioniere bauen an ihrer Brücke auch während eines deutschen Luftangriffs. Das Schild trägt die Aufschrift Kiew • Am 6. November fällt die Stadt. Pioniere suchen mit Hunden nach versteckten deutschen Minen • »Genosse General, wie lange dauert der Krieg noch?« • Dazu VERBRANNTE ERDE, Seite 324–327.

Die vierte Front.
Die Sowjetunion ist das waldreichste Land der Erde, 47 Prozent seiner Gesamtfläche sind von Wald bedeckt. Das ist das Geheimnis, warum der Partisanenkrieg so erfolgreich war • Unten: Unter Einsatz schwerster Waffen – hier ›Nashörner‹ – mußten die Partisanen bekämpft werden • Waren sie gestellt, verteidigten sie sich erbittert • Oben: Der Ic des 40. Panzerkorps, Major Kandutsch (links) begrüßt den Führer der Kalmückenabteilung Major Abuschinow, einen erfolgreichen Partisanenjäger; in der Mitte der deutsche Wachtmeister der Abteilung, Willi Lilienthal.

Russische Kinder am Wege.
So hat Carl Henrich seine Kinderfotos genannt, die er im Frontgebiet und in der Etappe machte • Das letzte Bild ist eine russische Aufnahme und zeigt eine Lehrerin in Leningrad mit ihrer Klasse vor der zerstörten Schule beim Unterricht • Kinder am Wege des Krieges, so sollte der Titel lauten. Denn diese Bilder machen spürbar, daß die Kinder die eigentlichen, weil unschuldigen Opfer sind, wenn der Krieg durchs Land zieht – auch wenn sie es selbst noch nicht begreifen.

Gegenschlag.
Das sind Fotos von einer bedeutsamen Operation: Die deutsche Gegenoffensive westlich Kiew im November 1943 stoppte mit wenigen Divisionen den russischen Sturm nach Westen. Und dann eroberte das 48. Panzerkorps sogar Schitomir mit seinen riesigen Versorgungslagern zurück • Rechts unten: Vor dem Einsatz der 7. Panzerdivision wird der Plan gemacht. Der Divisionskommandeur, General von Manteuffel (links), Brillantenträger Oberst Schulz (Mitte) und Oberst von Steinkeller (mit Stock) • Panzer und Grenadiere der 1. Panzerdivision brachen den letzten Widerstand in der Stadt • Dazu VERBRANNTE ERDE, Seite 328–331.

Die Zeit steht still.
Der Regen nieselt. Grau in grau. Und es riecht noch nach Pulverrauch. Die beiden russischen Kavalleristen versuchten durchzubrechen. Es war westlich von Tula, der Stadt der Silberschmiede. Gerhard Tietz machte dieses gespenstige Foto, das zu den besten Kriegsbildern gehört.

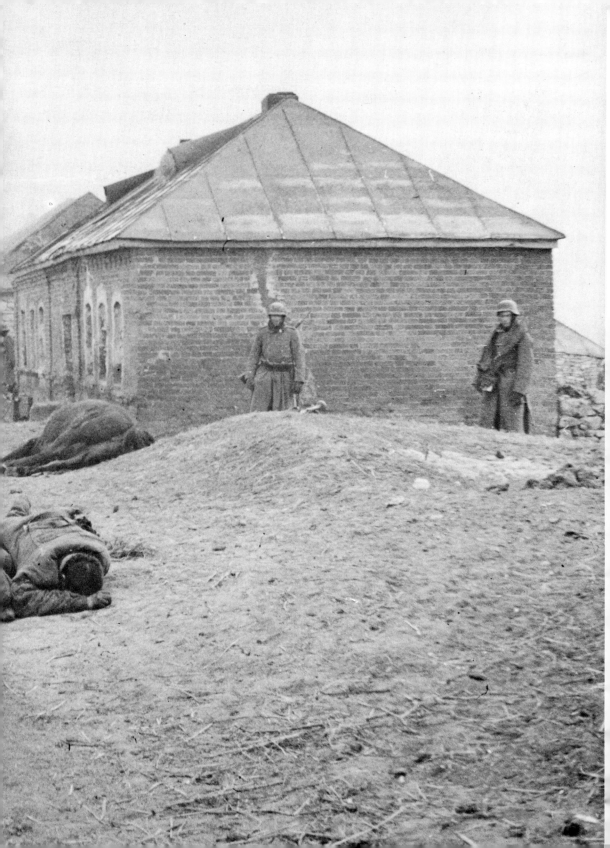

Wenn die Uniform nicht wär'.
Die beiden Fotos zeigen das Offizierskorps eines deutschen Panzergrenadierregiments und die Teilnehmer eines sowjetischen Offizierslehrgangs im Frühjahr 1942. Von den 45 abgebildeten deutschen Offizieren sind 15 gefallen, 2 vermißt und 19 verwundet worden. Also nur 9 sind heil aus dem Krieg gekommen • Von den Russen kennen wir die Zahlen nicht; aber sie werden kaum niedriger liegen • Oben: Ein deutscher Oberleutnant und ein russischer Oberstleutnant. Nur die Uniform unterscheidet sie.

1939: Die Baden-Württembergische 35. Infanteriedivision.

1943: Der Gefreite Karl Wahl vom Panzergrenadierregiment »Großdeutschland«.

IX.
Die Front bricht
Nur die Gräber bleiben zurück

Die 9. Kompanie Panzergrenadierregiment ›Großdeutschland‹ begräbt bei Borissowka ihre Gefallenen. Hier gab es noch Särge und Kreuze. Viele Kreuze; denn ein übermächtiger Feind und die wirklichkeitsfremde Halte-Strategie Hitlers überforderten die Truppe. Am Südflügel wurden die warnenden Zeichen zuerst sichtbar. Bei Kirowograd brach der Russe durch und schloß vier deutsche Divisionen ein. Aber es ging noch einmal glimpflich ab. Doch dann kam Tscherkassy. Dann die Einkesselung der 1. Panzerarmee im Vorfeld der Karpaten. Und die Katastrophe auf der Krim. Schließlich traf es im Sommer 1944 auch die Heeresgruppe Mitte: An der Beresina vollzog sich das deutsche Cannae. Die Rote Armee stürmte zur Weichsel und zur ostpreußischen Grenze.

Über 2,3 Millionen
deutsche Soldaten liegen
in Rußland begraben.

In den Dreck gewalzt • Im Schnee erstarrt •
Zwei unbekannte Tote. Deutsche? Russen?
Menschen! Opfer einer Tragödie, in der selbst
der Tod seine Würde verlor.

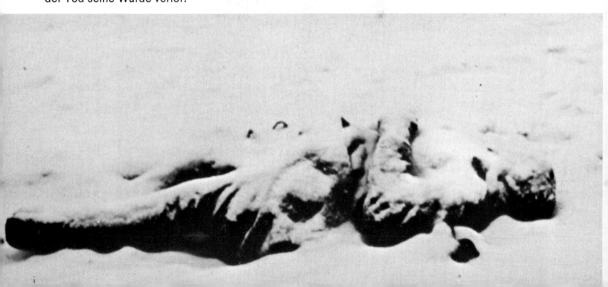

Die russische Panzerwalze rollt.
Die Russen stürmen mit ihren Panzerbrigaden im November 1943 aus vielen Brückenköpfen über den Dnjepr (unten). Und sie fahren in Eisenbahnzügen auf Sicht nach Westen • Die deutsche Wehrmacht greift zu jedem Mittel, um den sowjetischen Vormarsch zu behindern. Links: Ein russisches Bild von zerstörten Schienensträngen • Darunter ein deutsches Foto vom ›Schienenwolf‹ • Einer der besten Panzerführer der Russen war in jenen Wochen der General Katukow, Oberbefehlshaber der 1. Garde-Panzerarmee (oben); das Foto stammt aus dem Jahr 1941.

»...ist etwas für mich dabei?«

Welcher Soldat hat diese Frage nicht viele Male bei der Postverteilung gestellt? Es gab Männer, die bekamen nie Post; und trotzdem standen sie bei jeder Postausgabe dabei • Als die Zeit der Kessel kam und der brechenden Fronten (Karte), als die Züge immer irgendwo steckenblieben und mit ihnen die Post, da fing der Landser an, zutiefst unruhig zu werden. Keine Post mehr, das bedeutete immer eine drohende Katastrophe.

398/399

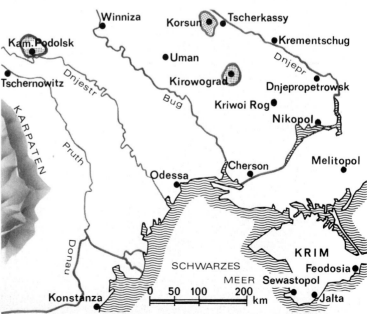

Auf verschlammten Wegen.
So quälte sich die 24. Panzerdivision im Januar/Februar 1944 zwischen Korsun und Nikopol von einem Schlachtfeld zum anderen: Erst von Nikopol 300 Kilometer weit nach Norden. Aber – ohne zum Schuß zu kommen, wurde sie wieder 300 Kilometer zurückbeordert. Eine jener sinnwidrigen Entscheidungen Hitlers. Die kampfkräftige Division bewegte sich wochenlang auf morastigen Straßen, während in Korsun und Nikopol die tragischen Entscheidungen fielen • Links: Der Kommandeur der 24. Panzerdivision, General von Edelsheim • Dazu VERBRANNTE ERDE, Seite 362–363.

Tscherkassy – Tragödie von sechseinhalb Divisionen.
Zwanzig Tage hatten sie sich im Kessel gehalten. Dann war das 3. Panzerkorps zum Entsatz heran. Ausbruch! Am 16. Februar 1944 essen sie die letzte warme Mahlzeit im Kessel (oben). Dann ziehen sie los. Ihren Befreiern entgegen • Die rollen von Westen heran – hier Teile der 1. Panzerdivision (rechts oben) • Voran Dr. Franz Bäke (mit Schiffchen und Eichenlaub) mit seinem schweren Panzerregiment • Zehn Kilometer trennen sie noch • Aber auf der entscheidenden Höhe vor der rettenden Brücke des Gniloi Tikitsch standen Russenpanzer. Oberst Franz (mit Mütze) war einer, der herauskam – Rechts: Die russischen Sieger und die Feldzeichen der deutschen Niederlage • Dazu VERBRANNTE ERDE, Seite 256–385.

Die liebste Waffe war die Kelle.
Wie sich die Bilder gleichen! Feldküche und Schöpfkelle waren für den Soldaten auf beiden Seiten die beliebtesten Einrichtungen • Die sowjetischen Sergeanten liebten überdies deutsche Kochgeschirre.

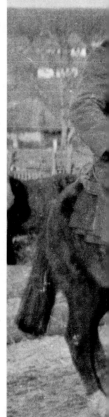

Der wandernde Hube-Kessel.
Der Obergefreite hatte gesagt: »Ich habe noch eine Dose Schmalzfleisch, Herr Hauptmann.« Und dann wurde ein Mittagessen daraus – am verdreckten Wagen der 2. Kompanie (oben) • So zog die 1. Panzerarmee als wandernder Igel aus dem Kessel von Kamenez-Podolsk. Boxte sich über vier Flüsse. Durch zwei feindliche Armeen. Versorgung erfolgte aus der Luft durch Versorgungsbomben (oben rechts, im Vordergrund eine leere Versorgungsbombe mit Fallschirm) • Das Panjepferd ersetzte Krad und Auto: Ein Stück Feldkabel als Steigbügel, ein Hanfstrick als Zügel. Wer hätte die in hundert Schlachten bewährte 1. ostpreußische I. D. wiedererkannt? • Marschall Schukow hatte den 200 000 Mann der 1. Panzerarmee das Schicksal von Stalingrad zugedacht. Aber General Hube machte ihm einen Strich durch die Rechnung • Dazu VERBRANNTE ERDE, Seite 386–404.

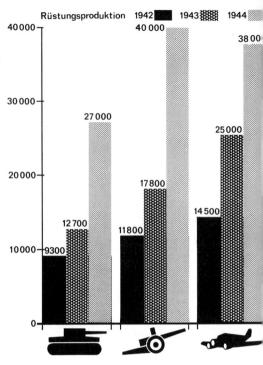

Der moderne Krieg ist zehn Prozent Kampf und neunzig Prozent Arbeit. 1870 brauchte die Feldarmee nur Hufschmiede. Im letzten Krieg waren die Werkstattkompanien schlachtentscheidende Einrichtungen. Ohne ihre Arbeit wäre es an der Front nicht gelaufen (Statistik unten). So, wie es ohne die Rüstungsproduktion im Heimatgebiet nicht gelaufen wäre. Trotz Bombenhagel stieg die Produktion (Statistik oben). Das war eins der Wunder des letzten Krieges • Links: Eine Werkstattkompanie beim Bergen eines russischen Panzers • Oben: Die Männer des I-Zuges der 1. Panzerdivision bauen einen Kübel-Motor aus • Rechts: Ein Fabrikhof voll 7,5-cm-Pak.

408/409

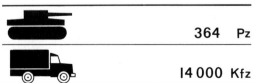

Instandsetzungsleistung bei der 1. Panzerarmee vom 1. 1. 1942 – 31. 3. 1942.

Hier gewann Stalin mehr als eine Schlacht.
»Für Tapferkeit und Kühnheit gibt es keine Hindernisse – vorwärts, Kämpfer, zum Heldentum!« stand auf den Plakaten an der trostlosen Zufahrt zur Krim, als die Sowjets im Winter 1943 hier am Siwasch den ersten Brückenkopf erkämpft hatten (rechts oben) • Am 7. April 1944 stürmten an dieser Stelle die Armeen Tolbuchins auf die Halbinsel und hißten vier Wochen später ihre Fahne auf einem Wall von Sewastopol • Unten: Armeegeneral Tolbuchin (rechts) auf seinem Gefechtsstand bei Sewastopol mit Marschall Wassilewski (links) • Oben: Der Liwadia-Palast von Jalta. Hier fand im Februar 1945 die Krim-Konferenz zwischen Roosevelt, Churchill und Stalin statt. Die Teilung der Welt und die deutsche Spaltung wurden besiegelt • Dazu VERBRANNTE ERDE, Seite 404–418.

Unheilvolle Krim.
»Die Reste der deutschen Krim-Armee« – so ist das sowjetische Foto (oben) betitelt. Es waren nicht die Reste, es waren die Letzten, die an einer Anlegestelle hielten, zu der aber kein Schiff mehr kam – die Letzten von der 111. I. D. oder von der 50., von der 336., der 73. oder von der 98., es ist nicht mit Sicherheit zu dokumentieren. Sie blieben auf der unheilvollen Insel • Die Geretteten aber dankten Gott, als sie aus der Krim-Hölle im Hafen von Konstanza landeten (rechts) • Dazu VERBRANNTE ERDE, Seite 421–425.

Die Erschlagenen von Feodosia.
Als die 46. Infanteriedivision im Dezember 1941 Feodosia räumte, blieben die Schwerverwundeten im Lazarett zurück. Bei der Wiedereroberung der Stadt am 18. Januar 1942 fand das Infanterieregiment 105 die lebend Zurückgelassenen noch mit ihren Verbänden tot unterhalb der Ufermauer, halb zugescharrt: Sie waren erschlagen worden oder durch Hinabstürzen von der Ufermauer umgebracht.

Der gemeine Galgen von Woronesch
Sie war eine Partisanin, wurde zum Tode verurteilt und von einem Vollstreckungskommando am Lenindenkmal gehenkt. Es sollte eine Abschrekkung sein; aber die Form der Hinrichtung läßt eine erstaunliche Verrohung sichtbar werden. Wer wollte sich wundern, daß so etwas in der Bevölkerung glühenden Haß erzeugte!

Die Exekution von Kodyma.
Dieses Foto machte der Soldat H. heimlich durch den abgewinkelten Arm seines Vordermanns. Hundert Partisanen wurden erschossen. Vierhundert waren in den Ort Kodyma, im Raum Nikolajew, eingesickert, um das Hauptquartier einer deutschen Infanteriedivision zu liquidieren. Sie wurden verraten, gefangen, und wer eine Waffe bei sich führte, erschossen. Die Hinrichtung fand in der Abenddämmerung statt; die Unschärfe, das Mündungsfeuer auf den Rücken der Opfer – ein unwirkliches, ein gespenstisches Bild.

Oben: Witebsk an der Düna, Gesamtansicht • Dünabrücke • Brücke über die Witba • Hauptstraße mit Mariä Himmelfahrtskathedrale • Untere Reihe: Newel, die Stadt am Wege von Witebsk zum Ilmen-See.

Der Stahlhelm am Wagenrad.
Aber wie oft mußten die Schneider, die Schuster und die Bäcker sich den Stahlhelm aufsetzen, zum Gewehr greifen, um durchgebrochenen Feind aufzuhalten. Dann bekam das vielgebrauchte Wort: »Mach' mir schnell mal, Kamerad...« einen blutigen Sinn • Rechts: In den Öfen dieser Bäckereikompanie wurden täglich 10 000 Brote gebacken.

Das war der Bahnhof von Smolensk.
Unzählige Soldaten sind über diesen Knotenpunkt der Ostfront gefahren. Am 24. September 1943 wurde die Stadt aufgegeben und das Bahnhofsgebäude samt Gleisanlagen von Pionieren gesprengt.

Panzer gegen Pferde.

Es war am 3. Juni 1944 südwestlich Witebsk. Ein russischer Panzerspähtrupp war durchgebrochen und schoß das Pferdelazarett des 6. Korps zusammen • Panzer gegen Pferde! Man denkt beim Rußlandkrieg immer an Panzer – aber das Pferd war sein Wahrzeichen. Mehr als zwei Millionen Pferde waren auf deutscher Seite an der Ostfront eingesetzt. Sie zogen mit den Soldaten durch das riesige Land. Durch Staub, Schlamm und Schnee. Ihre Arbeit und ihre Not ist ein Denkmal wert.

PFERDE UND MAULESELBESTAND DER WEHRMACHT = 500 000

	Jahre		
KRIEGSEINTRITT	1939		573 000
EINGESETZT INSGESAMT	1941 1945		2.75 Millo.
EINGESETZT IN RUSSLAND	1941 1945		2.07 Millo.
VERLUSTE INSGESAMT BIS KRIEGSENDE	1941 1945		1.7 Millo.

Die Kampfgruppe.
Sie prägte das Gesicht der Abwehrschlacht. Bei Kowel stemmt sich die SS-Panzerdivision ›Wiking‹ gegen die Angriffe der Russen. Die 12. Kompanie vom Regiment ›Germania‹ tritt zum Gegenstoß an.

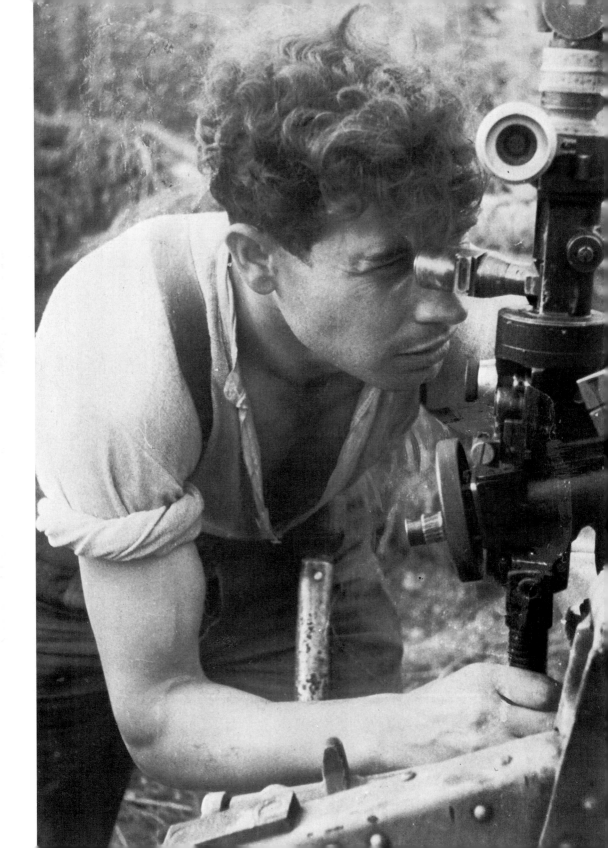

Sommerschlacht an der Mittelfront.
Die Russen kommen. Die große Offensive ist da. Was heißt da Uniform, was Achselstücke und Stahlhelm: Der Mann und seine Waffe – das ist das einzige, was noch zählt • Links: am Zielokular • Oben: Das schwere Infanteriegeschütz, Kaliber 15 cm, ist geladen • Feuer!

Die Front ist zerbrochen.
Im Elendsstrom des Rückzuges, der oft schon Flucht ist (rechts oben), entdeckte der Fotograf eine Geste der Menschlichkeit (oben) • Unten: Sowjetische Schützenregimenter im Kampf um Polozk, das am rechten Flügel der Heeresgruppe Mitte als ›fester Platz‹ von Teilen der 16. Armee verteidigt wurde • Dazu VERBRANNTE ERDE, Seite 433.

Kameraden.
Links: Verwundete der 26. Infanteriedivision. Vierzig Granatsplitter trafen den Zugführer • Oben: Männer der Division ›Feldherrnhalle‹ bergen vor Narwa ihren Melder • Unten: Im Kessel von Minsk: »Hast du Verbindung?«

Die Russen sind durch.
Die sowjetische 416. Division auf dem Marsch nach Westen (oben) • Links: Wie diese zwei, so schlugen sich Tausende deutscher Landser, die in den Strudel des Zusammenbruchs der Heeresgruppe Mitte geraten waren und der Gefangenschaft entgehen wollten, in wochenlangen Märschen als Zivilisten getarnt nach Ostpreußen durch. ›Rückkämpfer‹ war ihr offizieller Name • Rechte Seite: Eingreifreserven versuchen den sowjetischen Vormarsch zur Weichsel zu bremsen. Ein paar Stunden Widerstand. Dann ein Stück zurück. Widerstand und zurück – immer wieder. Tagelang. Wochenlang • Todmüde fallen die Männer bei den Marschpausen am Straßenrand in bleiernen Schlaf.

Soldaten des Jahres 1944.
Erste Reihe: Erfahrene alte Kämpfer der Ostfront, Gefreite und Obergefreite mit der Panzerfaust so vertraut und mit den Listen des Einzelkämpfers wie mit allen Problemen des Überlebens • Zweite Reihe: Blutjunge Gesichter erscheinen an der Front. »Sag' mal...« erkundigen sie sich bei den Alten; oder »Was hast du da für ein Ding abgekriegt?« • Rechts unten: Auch bei den Russen wird rekrutiert • In den befreiten Gebieten werden die Partisanen zur Roten Armee eingezogen.

**An Ostpreußens Grenze.
Der Kampf ums Reich beginnt.**

Anhang

Die Zeichen der deutschen Divisionen

Infanteriedivisionen

1. Infanteriedivision
Wehrkreis I Königsberg
Grenadierregiment 1 und 43
Füsilierregiment 22
Artillerieregiment 1

14. Infanteriedivision (mot.)
Wehrkreis IV Dresden
Grenadierregiment
11 und 53
Artillerieregiment 14

6. Infanteriedivision
Wehrkreis VI Münster
Grenadierregiment
18, 37 und 58
Artillerieregiment 6

15. Infanteriedivision
Wehrkreis IX Kassel
Grenadierregiment
81, 88 und 106
Artillerieregiment 15

7. Infanteriedivision
Wehrkreis VII München
Grenadierregiment
19, 61 und 62
Artillerieregiment 7

17. Infanteriedivision
Wehrkreis XIII Nürnberg
Grenadierregiment
21, 55 und 95
Artillerieregiment 17

9. Infanteriedivision
Wehrkreis IX Kassel
Grenadierregiment
36, 57 und 116
Artillerieregiment 9

21. Infanteriedivision
Wehrkreis I Königsberg
Grenadierregiment
3, 24 und 45
Artillerieregiment 21

11. Infanteriedivision
Wehrkreis I Königsberg
Grenadierregiment
2, 23 und 44
Artillerieregiment 11

22. Infanteriedivision
Wehrkreis X Hamburg
Grenadierregiment
16, 47 und 65
Artillerieregiment 22

12. Infanteriedivision
Wehrkreis II Stettin
Füsilierregiment 27
Grenadierregiment 48 und 89
Artillerieregiment 12

23. Infanteriedivision
Wehrkreis III Berlin
Grenadierregiment 9 und 67
Füsilierregiment 68
Artillerieregiment 23

24. Infanteriedivision
Wehrkreis IV Dresden
Grenadierregiment
31, 32 und 102
Artillerieregiment 24

26. Infanteriedivision
Wehrkreis VI Münster
Grenadierregiment
39, 77 und 78
Artillerieregiment 26

30. Infanteriedivision
Wehrkreis X Hamburg
Grenadierregiment 6 und 46
Füsilierregiment 26
Artillerieregiment 30

31. Infanteriedivision
Wehrkreis XI Hannover
Grenadierregiment
12, 17 und 82
Artillerieregiment 31

32. Infanteriedivision
Wehrkreis II Stettin
Grenadierregiment
4, 94 und 96
Artillerieregiment 32

34. Infanteriedivision
Wehrkreis XII Wiesbaden
Grenadierregiment
80, 107 und 253
Artillerieregiment 34

35. Infanteriedivision
Wehrkreis V Stuttgart
Grenadierregiment 109, 111
Füsilierregiment 34
Artillerieregiment 35

36. Infanteriedivision (mot.)
Wehrkreis XII Wiesbaden
Grenadierregiment
70, 87 und 118
Artillerieregiment 36

**Reichsgrenadierdivision
›Hoch- und Deutschmeister‹**
Wehrkreis XVII Wien
Grenadierregiment 131, 132
u. 134, Artillerieregiment 96

45. Infanteriedivision
Wehrkreis XVII Wien
Grenadierregiment
130, 133 und 135
Artillerieregiment 98

46. Infanteriedivision
Wehrkreis XIII Nürnberg
Grenadierregiment
42, 72 und 97
Artillerieregiment 114

50. Infanteriedivision
Wehrkreis III Berlin
Grenadierregiment
121, 122 und 123
Artillerieregiment 150

52. Infanteriedivision
Wehrkreis IX Kassel
Grenadierregiment
163, 181 und 205
Artillerieregiment 152

56. Infanteriedivision
Wehrkreis IV Dresden
Grenadierregiment
171, 192 und 234
Artillerieregiment 156

57. Infanteriedivision
Wehrkreis VII München
Grenadierregiment
179, 199 und 217
Artillerieregiment 157

72. Infanteriedivision
Wehrkreis XII Wiesbaden
Grenadierregiment
105, 124 und 266
Artillerieregiment 172

58. Infanteriedivision
Wehrkreis X Hamburg
Grenadierregiment
154, 209 und 220
Artillerieregiment 158

73. Infanteriedivision
Wehrkreis XIII Nürnberg
Grenadierregiment
170, 186 und 213
Artillerieregiment 173

61. Infanteriedivision
Wehrkreis I Königsberg
Grenadierregiment
151, 162 und 176
Artillerieregiment 161

75. Infanteriedivision
Wehrkreis II Stettin
Grenadierregiment 172, 222
Füsilierregiment 202
Artillerieregiment 175

62. Infanteriedivision
Wehrkreis VIII Breslau
Grenadierregiment
164, 183 und 190
Artillerieregiment 162

76. Infanteriedivision
Wehrkreis III Berlin
Grenadierregiment 178, 203
Füsilierregiment 230
Artillerieregiment 176

65. Infanteriedivision
Wehrkreis XII Wiesbaden
Grenadierregiment
145, 146 und 147
Artillerieregiment 165

78. Sturmdivision
Wehrkeis V Stuttgart
Sturmregiment
14, 195 und 215
Artillerieregiment 178

68. Infanteriedivision
Wehrkreis III Berlin
Grenadierregiment
169, 188 und 196
Artillerieregiment 168

79. Infanteriedivision
Wehrkreis XII Wiesbaden
Grenadierregiment
208, 212 und 226
Artillerieregiment 179

71. Infanteriedivision
Wehrkreis XI Hannover
Grenadierregiment
191, 194 und 211
Artillerieregiment 171

81. Infanteriedivision
Wehrkreis VIII Breslau
Grenadierregiment
161, 174 und 189
Artillerieregiment 181

83. Infanteriedivision
Wehrkreis X Hamburg
Grenadierregiment
251, 257 und 277
Artillerieregiment 183

96. Infanteriedivision
Wehrkreis XI Hannover
Grenadierregiment
283, 284 und 287
Artillerieregiment 196

86. Infanteriedivision
Wehrkreis VI Münster
Grenadierregiment
167, 184 und 216
Artillerieregiment 186

98. Infanteriedivision
Wehrkreis XIII Nürnberg
Grenadierregiment
117, 289 und 290
Artillerieregiment 198

87. Infanteriedivision
Wehrkreis IV Dresden
Grenadierregiment
173, 185 und 187
Artillerieregiment 187

102. Infanteriedivision
Wehrkreis VIII Breslau
Grenadierregiment
84, 232 und 233
Artillerieregiment 104

88. Infanteriedivision
Wehrkreis XIII Nürnberg
Grenadierregiment
245, 246 und 248
Artillerieregiment 188

106. Infanteriedivision
Wehrkreis VI Münster
Grenadierregiment
239, 240 und 241
Artillerieregiment 107

93. Infanteriedivision
Wehrkreis III Berlin
Grenadierregiment
270, 271 und 272
Artillerieregiment 193

110. Infanteriedivision
Wehrkreis X Hamburg
Grenadierregiment
252, 254 und 255
Artillerieregiment 120

94. Infanteriedivision
Wehrkreis IV Dresden
Grenadierregiment
267, 274 und 276
Artillerieregiment 194

111. Infanteriedivision
Wehrkreis XI Hannover
Grenadierregiment
50, 70 und 117
Artillerieregiment 117

95. Infanteriedivision
Wehrkreis IX Kassel
Grenadierregiment
278, 279 und 280
Artillerieregiment 195

112. Infanteriedivision
Wehrkreis XII Wiesbaden
Grenadierregiment
110, 256 und 258
Artillerieregiment 86

121. Infanteriedivision
Wehrkreis I Königsberg
Grenadierregiment
405, 407 und 408
Artillerieregiment 121

134. Infanteriedivision
Wehrkreis IV Dresden
Grenadierregiment
439, 445 und 446
Artillerieregiment 134

122. Infanteriedivision
Wehrkreis II Stettin
Grenadierregiment
409, 410 und 411
Artillerieregiment 122

137. Infanteriedivision
Wehrkreis XVII Wien
Grenadierregiment
447, 448 und 449
Artillerieregiment 137

125. Infanteriedivision
Wehrkreis V Stuttgart
Grenadierregiment
419, 420 und 421
Artillerieregiment 125

161. Infanteriedivision
Wehrkreis I Königsberg
Grenadierregiment
336, 364 und 371
Artillerieregiment 241

126. Infanteriedivision
Wehrkreis VI Münster
Grenadierregiment
422, 424 und 426
Artillerieregiment 126

164. Infanteriedivision
Wehrkreis IV Dresden
Grenadierregiment
382, 433 und 440
Artillerieregiment 220

129. Infanteriedivision
Wehrkreis IX Kassel
Grenadierregiment
427, 428 und 430
Artillerieregiment 129

167. Infanteriedivision
Wehrkreis VII München
Grenadierregiment 315,
331 und 339
Artillerieregiment 238

131. Infanteriedivision
Wehrkreis XI Hannover
Grenadierregiment
431, 432 und 434
Artillerieregiment 131

168. Infanteriedivision
Wehrkreis VIII Breslau
Grenadierregiment
417, 429 und 442
Artillerieregiment 248

132. Infanteriedivision
Wehrkreis XII Wiesbaden
Grenadierregiment
436, 437 und 438
Artillerieregiment 132

169. Infanteriedivision
Wehrkreis IX Kassel
Grenadierregiment
378, 379 und 392
Artillerieregiment 230

170. Infanteriedivision
Wehrkreis X Hamburg
Grenadierregiment
391, 399 und 401
Artillerieregiment 240

215. Infanteriedivision
Wehrkreis V Stuttgart
Grenadierregiment
380, 390 und 435
Artillerieregiment 215

197. Infanteriedivision
Wehrkreis XII Wiesbaden
Grenadierregiment
321, 332 und 347
Artillerieregiment 229

216. Infanteriedivision
Wehrkreis XI Hannover
Grenadierregiment
348, 396 und 398
Artillerieregiment 216

198. Infanteriedivision
Wehrkreis V Stuttgart
Grenadierregiment
305, 308 und 326
Artillerieregiment 235

217. Infanteriedivision
Wehrkreis I Königsberg
Grenadierregiment
311, 346 und 389
Artillerieregiment 217

205. Infanteriedivision
Wehrkreis V Stuttgart
Grenadierregiment
335, 353 und 358
Artillerieregiment 205

218. Infanteriedivision
Wehrkreis III Berlin
Grenadierregiment
323, 386 und 397
Artillerieregiment 218

206. Infanteriedivision
Wehrkreis I Königsberg
Grenadierregiment
301, 312 und 413
Artillerieregiment 206

223. Infanteriedivision
Wehrkreis IV Dresden
Grenadierregiment
344, 385 und 425
Artillerieregiment 223

207. Infanteriedivision
Wehrkreis II Stettin
Infanterieregiment
322, 368 und 374
Artillerieregiment 207

225. Infanteriedivision
Wehrkreis X Hamburg
Grenadierregiment
333, 376 und 377
Artillerieregiment 225

208. Infanteriedivision
Wehrkreis III Berlin
Grenadierregiment
309, 337 und 338
Artillerieregiment 208

227. Infanteriedivision
Wehrkreis VI Münster
Grenadierregiment
328, 366 und 412
Artillerieregiment 227

250. Infanteriedivision span.
Wehrkreis XIII Nürnberg
Grenadierregiment
262, 263 und 269
Artillerieregiment 250

258. Infanteriedivision
Wehrkreis II Stettin
Grenadierregiment
458, 478 und 479
Artillerieregiment 258

251. Infanteriedivision
Wehrkreis IX Kassel
Grenadierregiment
451, 459 und 471
Artillerieregiment 251

260. Infanteriedivision
Wehrkreis V Stuttgart
Grenadierregiment
460, 470 und 480
Artillerieregiment 260

252. Infanteriedivision
Wehrkreis VIII Breslau
Grenadierregiment
7, 461 und 472
Artillerieregiment 252

262. Infanteriedivision
Wehrkreis XVII Wien
Grenadierregiment
462, 482 und 486
Artillerieregiment 262

253. Infanteriedivision
Wehrkreis VI Münster
Grenadierregiment
453, 464 und 473
Artillerieregiment 253

263. Infanteriedivision
Wehrkreis XII Wiesbaden
Grenadierregiment
463, 483 und 485
Artillerieregiment 263

255. Infanteriedivision
Wehrkreis IV Dresden
Grenadierregiment
455, 465 und 475
Artillerieregiment 255

267. Infanteriedivision
Wehrkreis XI Hannover
Grenadierregiment
467, 487 und 497
Artillerieregiment 267

256. Infanteriedivision
Wehrkreis IV Dresden
Grenadierregiment
456, 476 und 481
Artillerieregiment 256

268. Infanteriedivision
Wehrkreis VII München
Grenadierregiment
468, 488 und 499
Artillerieregiment 268

257. Infanteriedivision
Wehrkreis III Berlin
Grenadierregiment
457, 466 und 477
Artillerieregiment 257

269. Infanteriedivision
Wehrkreis X Hamburg
Grenadierregiment
469, 489 und 490
Artillerieregiment 269

272. Infanteriedivision
Wehrkreis XI Hannover
Grenadierregiment
980, 981 und 982
Artillerieregiment 272

296. Infanteriedivision
Wehrkreis XIII Nürnberg
Grenadierregiment
519, 520 und 521
Artillerieregiment 296

278. Infanteriedivision
Wehrkreis III Berlin
Grenadierregiment
992, 993 und 994
Artillerieregiment 278

299. Infanteriedivision
Wehrkreis IX Kassel
Grenadierregiment
528, 529 und 530
Artillerieregiment 299

282. Infanteriedivision
Wehrkreis V Stuttgart
Grenadierregiment
848, 849 und 850
Artillerieregiment 282

302. Infanteriedivision
Wehrkreis II Stettin
Grenadierregiment
570, 571 und 572
Artillerieregiment 302

290. Infanteriedivision
Wehrkreis X Hamburg
Grenadierregiment
501, 502 und 503
Artillerieregiment 290

305. Infanteriedivision
Wehrkreis V Stuttgart
Grenadierregiment
576, 577 und 578
Artillerieregiment 305

291. Infanteriedivision
Wehrkreis I Königsberg
Grenadierregiment
504, 505 und 506
Artillerieregiment 291

306. Infanteriedivision
Wehrkreis VI Münster
Grenadierregiment
579, 580 und 581
Artillerieregiment 306

292. Infanteriedivision
Wehrkreis II Stettin
Grenadierregiment
507, 508 und 509
Artillerieregiment 292

320. Infanteriedivision
Wehrkreis X Hamburg
Grenadierregiment
585, 586 und 587
Artillerieregiment 320

294. Infanteriedivision
Wehrkreis IV Dresden
Grenadierregiment
513, 514 und 515
Artillerieregiment 294

323. Infanteriedivision
Wehrkreis V Stuttgart
Grenadierregiment
591, 593 und 594
Artillerieregiment 323

329. Infanteriedivision
Wehrkreis VI Münster
Grenadierregiment
551, 552 und 553
Artillerieregiment 329

331. Infanteriedivision
Wehrkreis XVII Wien
Grenadierregiment
557, 558 und 559
Artillerieregiment 331

335. Infanteriedivision
Wehrkreis V Stuttgart
Grenadierregiment
682, 683 und 684
Artillerieregiment 335

336. Infanteriedivision
Wehrkreis IV Dresden
Grenadierregiment
685, 686 und 687
Artillerieregiment 336

357. Infanteriedivision
Wehrkreis IV Dresden
Grenadierregiment
944, 945 und 946
Artillerieregiment 357

362. Infanteriedivision
Wehrkreis VII München
Grenadierregiment
954, 955 und 956
Artillerieregiment 362

369. Infanteriedivision
Wehrkreis XVII Wien
Grenadierregiment
369 und 370
Artillerieregiment 369

373. Infanteriedivision
Wehrkreis XVII Wien
Grenadierregiment
383 und 384
Artillerieregiment 373

376. Infanteriedivision
Wehrkreis VII München
Grenadierregiment
672, 673 und 767
Artillerieregiment 376

384. Infanteriedivision
Wehrkreis IV Dresden
Grenadierregiment
534, 535 und 536
Artillerieregiment 384

392. Infanteriedivision
Wehrkreis XVII Wien
Grenadierregiment
846 und 847
Artillerieregiment 392

707. Infanteriedivision
Wehrkreis VII München
Grenadierregiment 727 und 747
Artillerieabteilung 657

715. Infanteriedivision
Wehrkreis V Stuttgart
Grenadierregiment
725, 735 und 1028
Artillerieregiment 671

Jägerdivisionen

5. Jägerdivision
Wehrkreis V Stuttgart
Jägerregiment
56 und 75
Artillerieregiment 5

97. Jägerdivision
Wehrkreis VII München
Jägerregiment
204 und 207
Artillerieregiment 81

8. Jägerdivision
Wehrkreis VIII Breslau
Jägerregiment
28 und 38
Artillerieregiment 8

100. Jägerdivision
Wehrkreis XVII Wien
Jägerregiment
54, 227 und 369
Artillerieregiment 83

28. Jägerdivision
Wehrkreis VIII Breslau
Jägerregiment
49 und 83
Artillerieregiment 28

101. Jägerdivision
Wehrkreis V Stuttgart
Jägerregiment
228 und 229
Artillerieregiment 85

Gebirgsdivisionen

1. Gebirgsdivision
Wehrkreis VII München
Gebirgsjägerregiment
98 und 99
Gebirgsartillerieregiment 79

4. Gebirgsdivision
Wehrkreis V/VIII Stuttg. Bresl.
Gebirgsjägerregiment
13 und 91
Gebirgsartillerieregiment 94

2. Gebirgsdivision
Wehrkreis XVIII Salzburg
Gebirgsjägerregiment
136 und 137
Gebirgsartillerieregiment 111

5. Gebirgsdivision
Wehrkreis VII/XIII/XVIII
München, Nürnberg, Salzburg
Gebirgsjägerregiment 85, 100
Gebirgsartillerieregiment 95

3. Gebirgsdivision
Wehrkreis XVIII Salzburg
Gebirgsjägerregiment
138 und 144
Gebirgsartillerieregiment 112

6. Gebirgsdivision
Wehrkreis XVIII Salzburg
Gebirgsjägerregiment
141 und 143
Gebirgsartillerieregiment 118

7. Gebirgsdivision
Wehrkreis XIII Nürnberg
Gebirgsjägerregiment
206 und 218
Gebirgsartillerieregiment 82

10. Gebirgsdivision
Wehrkreis XVIII Salzburg
Gebirgsjägerregiment 139
Jägerbataillon 3 und 6
Gebirgsartillerieregiment 931

Luftwaffenfelddivisionen

13. Luftwaffenfelddivision
Wehrkreis III Stettin
Jägerregiment Luftwaffe
25 und 26
Artillerieregiment 13

21. Luftwaffenfelddivision
Wehrkreis III Stettin
Jägerregiment Luftwaffe
41, 42 und 43
Artillerieregiment 21

Panzergrenadierdivisionen

3. Panzergrenadierdivision
Wehrkreis III Berlin
Gren.-Regiment (mot.) 8, 28
Panzerabteilung 103
Artillerieregiment 3

20. Panzergrenadierdivision
Wehrkreis X Hamburg
Gren.-Regiment (mot.) 76, 90
Panzerabteilung 8
Artillerieregiment 20

10. Panzergrenadierdivision
Wehrkreis XIII Nürnberg
Gren.-Regiment (mot.) 20, 41
Panzerabteilung 7
Artillerieregiment 10

25. Panzergrenadierdivision
Wehrkreis V Stuttgart
Gren.-Regiment (mot.) 35, 119
Panzerabteilung 5
Artillerieregiment 25

16. Panzergrenadierdivision
Wehrkreis VI Münster
Gren.-Regiment (mot.) 60, 156
Panzerabteilung 116
Artillerieregiment 146

29. Panzergrenadierdivision
Wehrkreis IX Kassel
Gren.-Regiment (mot.) 15, 71
Panzerabteilung 129
Artillerieregiment 29

18. Panzergrenadierdivision
Wehrkreis VIII Breslau
Gren.-Regiment (mot.) 30, 51
Panzerabteilung 118
Artillerieregiment 18

60. Panzergrenadierdivision
Wehrkreis XX Danzig
Gren.-Regiment (mot.) 92, 120
Panzerabteilung 160
Artillerieregiment 160

Panzergrenadierdivision Feldherrnhalle
Wehrkreis XX Danzig
Grenadierregiment FHH
Füsilierregiment FHH
Panzerabteilung FHH
Artillerieregiment FHH

Panzergrenadierdivision Großdeutschland
Wehrkreis III Berlin
Panzergrenadierregiment GD
Panzerfüsilierregiment GD
Panzerregiment GD
Artillerieregiment GD

Panzerdivisionen

1. Panzerdivision
Wehrkreis IX Kassel
Pz.-Grenadierregiment 1, 113
Panzerregiment 1
Pz.-Artillerieregiment 73

6. Panzerdivision
Wehrkreis VI Münster
Pz.-Grenadierregiment 4, 114
Panzerregiment 11
Pz.-Artillerieregiment 76

2. Panzerdivision
Wehrkreis XVII Wien
Pz.-Grenadierregiment 2, 304
Panzerregiment 3
Pz.-Artillerieregiment 74

7. Panzerdivision
Wehrkreis IX Kassel
Pz.-Grenadierregiment 6, 7
Panzerregiment 25
Pz.-Artillerieregiment 78

3. Panzerdivision
Wehrkreis III Berlin
Pz.-Grenadierregiment 3, 394
Panzerregiment 6
Pz.-Artillerieregiment 75

8. Panzerdivision
Wehrkreis III Berlin
Pz.-Grenadierregiment 8, 28
Panzerregiment 10
Pz.-Artillerieregiment 80

4. Panzerdivision
Wehrkreis XIII Nürnberg
Pz.-Grenadierregiment 12, 33
Panzerregiment 35
Pz.-Artillerieregiment 103

9. Panzerdivision
Wehrkreis XVII Wien
Pz.-Grenadierregiment 10, 11
Panzerregiment 33
Pz.-Artillerieregiment 102

5. Panzerdivision
Wehrkreis VIII Breslau
Pz.-Grenadierregiment 13, 14
Panzerregiment 31
Pz.-Artillerieregiment 116

10. Panzerdivision
Wehrkreis V Stuttgart
Pz.-Grenadierregiment 69, 86
Panzerregiment 7
Pz.-Artillerieregiment 90

11. Panzerdivision
Wehrkreis VIII Breslau
Pz.-Gren.-Regiment 110, 111
Panzerregiment 15
Pz.-Artillerieregiment 119

19. Panzerdivision
Wehrkreis XI Hannover
Pz.-Grenadierregiment 73, 74
Panzerregiment 27
Pz.-Artillerieregiment 19

12. Panzerdivision
Wehrkreis II Stettin
Pz.-Grenadierregiment 5, 25
Panzerregiment 29
Pz.-Artillerieregiment 2

20. Panzerdivision
Wehrkr. IX Kassel XI Hann.
Pz.-Grenadierregiment 59, 112
Panzerregiment 21
Pz.-Artillerieregiment 92

13. Panzerdivision
Wehrkreis XI Hannover
Pz.-Grenadierregiment 66, 93
Panzerregiment 4
Pz.-Artillerieregiment 13

21. Panzerdivision
Wehrkreis VI Münster
Pz.-Gren.-Regiment 125, 192
Panzerregiment 100 (22)
Pz.-Artillerieregiment 155

14. Panzerdivision
Wehrkreis IV Dresden
Pz.-Gren.-Regiment 103, 108
Panzerregiment 36
Pz.-Artillerieregiment 4

22. Panzerdivision
Wehrkreis XII Wiesbaden
Pz.-Gren.-Regiment 129, 140
Panzerregiment 204
Pz.-Artillerieregiment 140

16. Panzerdivision
Wehrkreis VI Münster
Pz.-Grenadierregiment 64, 79
Panzerregiment 2
Pz.-Artillerieregiment 16

23. Panzerdivision
Wehrkreis V Stuttgart
Pz.-Gren.-Regiment 126, 128
Panzerregiment 23
Pz.-Artillerieregiment 128

17. Panzerdivision
Wehrkreis VII München
Pz.-Grenadierregiment 40, 63
Panzerregiment 39
Pz.-Artillerieregiment 27

24. Panzerdivision
Wehrkreis I Königsberg
Pz.-Grenadierregiment 21, 26
Panzerregiment 24
Pz.-Artillerieregiment 89

18. Panzerdivision
Wehrkreis IV Dresden
Pz.-Grenadierregiment 52, 101
Panzerregiment 18
Pz.-Artillerieregiment 88

Vor Umstellung:
1. Kavalleriedivision
Reiterregiment 1, 2 und 22
Kavallerieregiment 21
r. Artillerieregiment 1

25. Panzerdivision
Wehrkreis VI Münster
Pz.-Gren.-Regiment 146, 147
Panzerregiment 9
Pz.-Artillerieregiment 91

116. Panzerdivision
Wehrkreis VI Münster
Pz.-Gren.-Regiment 60, 156
Panzerregiment 16
Pz.-Artillerieregiment 146

26. Panzerdivision
Wehrkreis III Berlin
Pz.-Gren.-Regiment 9, 67
Panzerregiment 26
Pz.-Artillerieregiment 93

Divisionen der Waffen-SS

1. SS.-Panzerdivision
Leibstandarte Adolf Hitler
SS-Pz.-Gren.-Regiment 1 u. 2
SS-Panzerregiment 1
SS-Pz.-Artillerieregiment 1

5. SS-Panzerdivision
Wiking
SS-Pz.-Gren.-Regim. 9 u. 10
SS-Panzerregiment 5
SS-Pz.-Artillerieregiment 5

2. SS-Panzerdivision
Das Reich
SS-Pz.-Gren.-Regiment 3 u. 4
SS-Panzerregiment 2
SS-Pz.-Artillerieregiment 2

9. SS-Panzerdivision
Hohenstaufen
SS-Pz.-Gren.-Regim. 19 u. 20
SS-Panzerregiment 9
SS-Pz.-Artillerieregiment 9

3. SS-Panzerdivision
Totenkopf
SS-Pz.-Gren.-Regiment 5 u. 6
SS-Panzerregiment 3
SS-Pz.-Artillerieregiment 3

10. SS-Panzerdivision
Frundsberg
SS.-Pz.-Gren.-Reg. 21 u. 22
SS-Panzerregiment 10
SS-Pz.-Artillerieregiment 10

4. SS-Polizei
Panzergrenadierdivision
Pol.-Pz.-Gren.-Regim. 7. u. 8
SS-Panzerabteilung 4
SS-Pz.-Artillerieregiment 4

11. SS-Panzergrenadierdiv.
Nordland
SS-Pz.-Gren.-Regim. 23 u. 24
SS-Panzerabteilung 11
SS-Pz.-Artillerieregiment 11

16. Pz.-Grenadierdivision
Reichsführer SS
SS-Pz.-Gren.-Regim. 35 u. 36
SS-Panzerabteilung 16
SS-Pz.-Artillerieregiment 16

23. SS-Gebirgsdivision
Kama
SS-Geb.-Jägerregiment 55, 56
SS-Gebirgsartillerie 23

17. SS-Panzergrenadierdiv.
Götz von Berlichingen
SS-Pz.-Gren-Regim. 37 u. 38
SS-Panzerabteilung 17
SS-Pz.-Artillerieregiment 17

28. SS-Panzergrenadierdiv.
Wallonien
SS-Pz.-Gren.-Regim. 69,
70 und 71
SS-Panzerabteilung 28
SS-Pz.-Artillerieregiment 28

18. SS-Panzergrenadierdiv.
Horst Wessel
SS-Pz.-Gren.-Regim. 39. u. 40
SS-Panzerabteilung 18
SS-Pz.-Artillerieregiment 18

38. SS-Panzergrenadierdiv.
Nibelungen
SS-Pz.-Gren.-Regim. 95,
96 und 97
SS-Panzerabteilung 38
SS-Pz.-Artillerieregiment 38

Sturmgeschützbrigaden

184. Sturmgeschützbrigade
aufgestellt Spätersommer
1940 in Zinna bei
Jüterbog

197. Sturmgeschützbrigade
aufgestellt Winter
1940/41 in Jüterbog

189. Sturmgeschützabteilung
aufgestellt 9. Juli 1941

237. Sturmgeschützbrigade
aufgestellt im Sommer
1943 in Posen

190. Sturmgeschützbrigade
aufgestellt 1. Oktober
1940 in Jüterbog

259. Sturmgeschützbrigade
aufgestellt Juni
1943 in Jüterbog

279. Sturmgeschützbrigade
aufgestellt am 1. 7. 1943
in Neiße

Sturmgeschützbrigade Großdeutschland
aufgestellt Sommer 1940

666. Sturmgeschützbatterie
aufgestellt Mitte Mai
1940 in Zinna

Die Divisionszeichen zeichnete Michael Prügel

Register

Abganerowo 192/193
Abuschinow, Major 380/381
Acht-acht, 8,8-cm-Flak 220/221, 302/303, 330/331
Achtyrka 346/347
Adam, Herbert, Leutn. 54/55
Aksai 208/209
Alexandrowka 27
Aluschta 146/147
Andres, Erich 368/369
Antonescu, Ion, Marschall, rum. 282/283
Arbeitermiliz, sowj. 110/111
Archangelsk 32/33, 226/227
Armeen, deutsche
 2. A. 312/313
 4. A. 246/247
 6. A. 23, 24, 28, 184/185, 188/189, 194/195, 206/207, 208/209, 218/219, 376/377
 8. A. 262
 9. A. 27, 246/247
 11. A. 23, 25, 52/53, 132/133, 138/139, 150/151
 16. A. 424/425
 17. A. 26, 286/287, 288/289, 294/295
Armee, italienische 8. 208/209
Armeen, sowjetische
 1. Garde-A. 304/305
 2. Stoß-A. 25, 256/257
 6. A. 42/43
 34. A. 24
 50. A. 120/121
 57. A. 23
 62. A. 176/177
 64. A. 192/193
 65. A. 84/85
Armee, ungarische 2. 280/281
Armeeabteilung Hollidt 26

Armeeabteilung Kempf 27, 324/325
Armeegruppe Hoth 24
Armeekorps, deutsche
 1. A.K. 46/47;
 2. A.K. 216/217;
 4. A.K. 216/217;
 10. A.K. 24;
 11. A.K. 190/191, 216/217;
 29. A.K. 376/377;
 36. A.K. 24;
 42. A.K. 154/155;
 51. A.K. 23
Artillerie, deutsche 54/55, 102/103, 148/149, 238/239, 246/247, 262/263, 264/265, 268/269, 302/303, 316/317, 374/375, 424/425.
Artillerie, rum. 152/153
Artillerie, sowj. 112/113, 150/151, 316/317, 332/333
Artillerieabteilungen, deutsche
 Schw. Art. Abt. 635 170/171;
 Schw. Art.Abt. 740 236
 Schw. Art.Abt. 843 236
Asowsches Meer 20, 26, 176/177, 376/377
 Marsch über d. Asowsche Meer 284/285
Astrachan 22, 26, 32/33
Auffangstab 368/369

Badanow, General, sowj. 26, 304/305
Bäckereikompanie, deutsche 418/419
Bäke, Dr. Franz, Oberst 402/403
Baktschiserai 146/147
Baku 266/267
Balaklawa 374/375
Balakleja 22
Balka 202/203

453

Bange, Josef 116/117
Baranowitschi 29
Barrikady 198/199
Barwenkowo 21
Bataisk 22, 25, 26
Batow, General, sowj. 84/85
Bauer, Erich 300/301
Bauern, russische, siehe Bevölkerung
Bayerlein, General 7
Begleitschein für Verwundete 322/323
Beketowka 23
Belew 60/61
Beresina 32/33, 60/61, 392/393
Berislaw 21
Berlin 230/231, 340/341
»Berta«, schwerer Mörser 238/239
Bessarabien 132/133
Bevölkerung, russische 46/47, 68/69, 88/89, 100/101, 110/111, 118/119, 126/127, 144/145, 146/147, 152/153, 176/177, 202/203, 218/219, 230/231, 242/243, 264/265;
    Bäuerinnen 92/93, 130/131, 142/143;
    Bauernmädchen 62/63;
    Kinder 382/383;
    Tatarin 146/147
Bialystok 19
Biecker, Hauptmann 252/253
Bjelgorod 20, 27, 324/325; deutsche Stellungen bei B. 330/331
»Blaue Division« 250, I.D. (spanische auf deutscher Seite) 234/235, 278/279
Blinow 23
Bobruisk 19, 29, 44/45, 60/61
von Bock, Generalfeldmarschall 23
Bolchow 60/61
Boldin, I. W., General, sowj. 120/121
Bolochowka 100/101
Bol.-Wassiljewka 208/209
Borissowka 392/393
Borodino 90/91
Borowsk 80/81
von Brauchitsch, Generalfeldmarschall 21

Breith, General 52/53
Brest-Litowsk 19, 32/33, 40/41, 42/43
Brjansk 20
Bronita 132/133
Brot 124/125, 370/371
Brückenbau 190/191
Brütting, Georg 15
Budjenny, sowj. Marschall 22, 84/85
Bug 19, 32/33, 128/129, 262
Bukrin 28, 364/365
Bunker, Angriff auf 76/77
Burg, Oberleutnant 250/251
Burzewo 20, 114/115
Butowo 27
Buturki 27

Charkow 20, 21, 22, 23, 26, 27, 28, 158/159, 174/175, 182/183, 262, 296/297, 298/299, 306/307, 352/353
Cherson 136/137
Chirurgen 346/347
Cholm 25, 250/251, 252/253, 256/257
Chotjou-Tau-Paß 242/243, 374/375
Chruschtschow, Nikita 204/205, 213, 344/345, 378/379
Churchill 410/411

Danzig 222/223
Degrelle, Léon 280/281
»Der Blaue« 38/39
Demjansk 25, 248/249, 250/251, 258/259
Desna 28
Determeyer, Prof. 15
»Dicker Max«, 10-cm-Kanone auf Selbstfahrlafette 178/179
Dietl, General 24
»Direktor«, sowj. Agent 308/309
Dmitrow 80/81
Dnjepr 19, 28, 52/53, 54/55, 56/57, 58/59, 60/61, 128/129, 130/131, 134/135, 296/297, 352/353, 354/355, 356/357, 358/

359, 360/361, 364/365, 366/367, 396/397
Dnjepropetrowsk 20, 296/297, 360/361
Dnjestr 128/129, 132/133, 362/363
Don 22, 23, 25, 26, 128/129, 130/131, 140/141, 164/165, 170/171, 174/175, 176/177, 184/185, 186/187, 188/189, 190/191, 258, 280/281, 284/285, 304/305
Donbogen 186/187
Donbrücken 21, 190/191
Donez 22, 25, 27, 280/281, 296/297, 352/353
Donezbecken 22
Donfront 304/305
Donhöhen 23
Don-Höhenstraße 190/191
Donsteppe 188/189
»Dora«, sowj. Agent 308/309
Dornhofer, Hans, Gefr. 232/233
Dorochowo 20
Dorpat 19, 24
Dowator, General, sowj. 116/117
Dreschmaschine 126/127
Dudari 28
Düna 24, 48/49, 58/59, 416/417
Dünaburg 19, 24, 52/53
Düsseldorf 38/39
Dubrowka 234/235
Dubysa 24
Duderhofer Höhen 50/51
Dzisna 58/59

von Edelsheim, General 400/401
Ehrenmal von Borodino 90/91
Eisenbahngeschütz 148/149
Eismeer 220/221
Eismeerfront 224/225
Elbrus 22, 26, 242/243, 266/267, 282/283, 374/375
Elbrusgipfel 268/269
Elchlepp, Oberstleutnant 194/195
Elista 22, 26

Engelin, Hauptmann 82/83
Entlausungsschein 290/291
Erika-Schneise 25

Fallschirmjäger, sowj. 364/365
Fastow 28
Feldgeschütz, russ. 316/317, 332/333
Feldküche 124/125, 404/405
Feldle, Andres 15, 268/269
Feldpost 398/399
Feldscherinnen, sowj. 82/83, 152/153, 320/321
Feodosia 22, 154/155, 414/415
Fernkamera 238/239
Feuer 102/103
Finnen, Regiment Turoma 222/223
Flak, 8,8-cm- 220/221, 302/303, 330/331
Flakregiment 5, deutsches 220/221
Flammenwerfer 76/77
Fliegerbombe SD 1 und SD 2 316/317
Fliegerkorps, 8., deutsches 27, 186/187
Floßsack 132/133, 186/187, 236/237, 364/365
Flüchtlinge 118/119, 202/203, 426/427
Flugzeuge, deutsche 186/187, 210/211, 252/253, 258/259, 310/311, 320/321
Flugzeuge, sowj. 54/55, 88/89, 364/365
Frankfurt (Main) 290/291
Franz, Oberst 402/403
Franzosen 278/279
Fronttheater 334/335, 336/337, 338/339, 340/341
Führerhauptquartier 216/217, 308/309
Funker 428/429, 312/313, 314/315
Funkstelle 314/315
Funkwagen 314/315

Grabenspiegel 172/173
G – das »weiße G« 32/33, 64/65
Gebirgsdivisionen, deutsche 1. Geb.D. 268/269; 4. Geb.D. 268/269

455

Gebirgsjäger, deutsche 220/221, 232/233, 258/259, 264/265, 268/269, 270/271
Gebirgsjäger, sowj. 242/243
Gebirgsjägerregimenter, deutsche Geb.Jg.R. 100 232/233; Geb.Jg.R. 139 224/225
Gefangene, deutsche 82/83, 214/215, 216/217, 248/249
Gefangene, russische 40/41, 42/43, 78/79, 82/83
Gerzowka 27
Gniloi Tikitsch 28, 402/403
»Goliath«, ferngelenkter Kleinpanzer, deutsch 310/311
Gomel 19
Gorki 20
Gorodok 234/235
Gotenstellung 26
Granatwerfer, Kaliber 12 cm, sowj. 344/345
Grigorowka 28
Gronau in Westfalen 290/291
Grosnij 26, 266/267
Gschatsk 20, 21, 66/67, 80/81
Guderian, Generaloberst 20, 21, 50/51, 96/97, 98/99, 120/121
»Gulaschkanone« 124/125, 404/405
Gumrak, Flughafen 23
Gurkow, General, sowj. 213

Hackl, Walter 15, 136/137, 146/147
Hanau 290/291
Haubitze, 10,5-cm-, deutsche 102/103
Hauptverbandsplatz 318/319, 322/323
Hausser, Obergruppenführer und Generaloberst der Waffen-SS 26, 27, 306/307
He 111, deutscher Flugzeugtyp 142/143
Heeresgruppen, deutsche
 A 22, 164/165, 260/261;
 B 23, 164/165, 312/313;
 Don 26;
 Mitte 19, 20, 29, 66/67, 106/107, 312/313, 392/393, 424/425;
 Nord 36/37, 220/221;
 Süd 19, 28, 52/53, 130/131, 158/159, 352/353
Heeresgruppen, sowj.
 1. Ukrainische Front 378/379;
 Watutin 27
Henrich, Carl 15, 382/383
Hilfslieferungen, amerikanische an die SU 226/227
Hitler 23, 25, 28, 32/33, 126/127, 128/129, 138/139, 158/159, 300/301, 308/309, 310/311, 324/325, 354/355, 392/393, 400/401
Höhne, General 258
Hoepner, Generaloberst 50/51
Holters, Walter 15
Horthy, ung. Reichsverweser 280/281
Hoth, Generaloberst 23, 24, 27, 168/169, 192/193, 208/209, 324/325, 330/331; Handskizzen von H. 224/225, 330/331, 332/333
Hs 129, deutscher Flugzeugtyp 310/311
Hube, General 22, 23, 28, 406/407
Hube-Kessel 28
von Hünersdorff, Oberst 24
Hupfloher, Toni 276/277

Ilinskoje 112/113
Ilmen-See 19, 24, 243, 278/279, 416/417
Ischerskaja 26
Infanterie, deutsche, im Einsatz 46/47, 70/71, 132/133, 150/151, 162/163, 166/167, 168/169, 170/171, 174/175, 192/193, 194/195, 198/199, 200/201
Infanterie, deutsche, auf dem Marsch 38/39, 62/63, 74/75, 184/185, 298/299
Infanterie, sowj. 120/121, 156/157, 160/161, 178/179, 204/205, 402/403, 426/427
Infanteriedivisionen, deutsche
 1. I.D. 406/407;
 3. I.D. (mot.) 170/171;

7. I.D. 278/279;
15. I.D. 290/291;
16. I.D. (mot.) 22, 26, 170/171;
26. I.D. 428/429;
29. I.D. (mot.) 23, 192/193, 216/217;
35. I.D. 390/391;
46. I.D. 154/155, 414/415;
50. I.D. 412/413;
71. I.D. 194/195;
72. I.D. 154/155;
73. I.D. 412/413;
76. I.D. 194/195, 216/217;
98. I.D. 412/413;
100. I.D. 216/217;
111. I.D. 412/413;
122. I.D. 34/35, 108/109;
126. I.D. 25;
170. I.D. 150/151, 232/233;
179. I.D. 86/87;
208. I.D. 94/95;
215. I.D. 25;
250. I.D. (»Blaue Div.«) 234/235, 278/279;
295. I.D. 216/217;
336. I.D. 412/413;
389. I.D. 200/201, 216/217;
»Feldherrnhalle« 428/429
Infanteriedivisionen, sowj. 13. Garde-Schtz.D. 23; 416. Schtz.D. 430/431
Infanteriegeschütze, deutsche leichte 268/269; schwere 54/55, 424/425
Infanterieregimenter, deutsche
Schtz.Rgt. 3 82/83;
I.R. 105 154/155, 414/415;
I.R. 269 278/279;
I.R. 410 38/39;
I.R. 421 160/161;
Waffen-SS R. »Germania« 422/423
Instandsetzung 408/409
Ischun 21
Isjum 21, 22
Istra 20
Italiener 178/179

Jachontow 27
Jailagebirge 146/147
Jalta 410/411
Janus, Vorausabteilung 136/137
Jelez 21
Jeremenko, sowj. Marschall 23, 204/205, 213
Ju 52, deutscher Flugzeugtyp 252/253, 320/321
Juchnow 21
Jura, Fluß 36/37
Juschkowo 20

K – das »weiße K« 162/163
Kälte 100/101, 104/105, 106/107, 122/123
Kalatsch 22, 23, 176/177, 188/189, 206/207
Kalinin, M. J. Präs. d. Obst. Sowj. 258
Kalinin (Stadt) 20, 21, 120/121, 244/245, 260/261
Kalmückenabteilung 380/381
Kalmückensteppe 26, 266/267
Kaluga 20, 21, 120/121
Kamenez-Podolsk 28, 406/407
Kampfgruppe 422/423
Kandalakscha 24
Kandutsch, Major 380/381
Kanonen auf Selbstfahrlafette
Kal. 4,7 cm 72/73;
Kal. 10 cm (»Dicker Max«) 178/179
Karpaten 392/393
Katukow, sowj. General 396/397
Katyn 126/127
Kaukasus 22, 25, 26, 128/129, 138/139, 160/161, 164/165, 242, 260/261, 264/265, 266/267, 270/271/ 274/275;
Panorama 240/241
Kaukasusgebiet 156/157
Kavallerie, rumänische 372/373
Kavallerie, sowj. 116/117, 306/307
Keitel, Generalfeldmarschall 158/159, 308/309
Kempf, General 166/167

457

Kertsch 21, 22, 25, 154/155, 156/157, 260/
    261, 282/283, 288/289, 294/295
Kiestinki 222/223
Kiew 20, 28, 72/73, 84/85, 356/357, 378/
    379, 384/385
Kinder, russische 382/383
Kirchner, General 36/37, 208/209
Kirowograd 392/393
Kischinew 362/363
»Kleines Land« 26
von Kleist, Generaloberst 158/159
Kletskaja 23
Klin 21
Klippert, Hanns-Ritter 15
Klöckner, Hans 15
Kluchorpaß 268/269
von Kluge, Generalfeldmarschall 66/67
Knochenmann 136/137
Knödler, Karl 260/261
Kobsew, A., Soldat, russ. 374/375
Kodyma 414/415
Komarowka 28
Konstantinowskaja 128/129
Konstanza 412/413
Dr. Korfes, General 216/217
Korowino 118/119
Korsun 28, 400/401
Kosakenkorps Dowator, sowj. 116/117
Kosakenschwadron, auf deutscher Seite
    280/281
Kowel 422/423
Kowno 19, 24, 38/39
Kozlow, W., Signalmann, sowj. 172/173
Kradfahrer 64/65
Kradmelder 44/45, 86/87
Kradschützen 140/141, 164/165, 166/167
Krasnoarmeisk 23
Krasnodar 22, 25, 26
Krementschug 360/361; Gebietskirche von
    K. 352/353
Kriegsmarine, deutsche 260/261, 294/295
Kriegsmarine, sowj. 148/149, 156/157,
    228/229

Krim 20, 21, 28, 29, 128/129, 138/139,
    146/147, 150/151, 154/155, 260/261,
    282/283, 288/289, 294/295, 374/375,
    392/393, 410/411, 412/413
Kriwoi Rog 218/219
Krylow, sowj. General 213
Kschen 166/167
Kuban 22, 25, 26, 156/157, 259, 260/261,
    282/283, 288/289, 294/295
Kubanbrückenkopf 288/289
Kuma 26, 264/265
Kuntz, Herbert, Leutnant 15, 142/143, 370/
    371
Kupjansk 21, 22
Kurland 46/47
Kursk 20, 21, 27, 126/127, 174/175, 300/
    301, 310/311, 324/325, 344/345, 346/
    347
Kusnezow, M., sowj. Kriegsrat 152/153
Kutaissi 266/267
Kuybitschew 88/89
KW 1, sowj. Panzer 178/179
KW 2, sowj. Panzer 54/55

Labatal 268/269
Ladogasee 220/221, 230/231, 242/243
Landser 62/63, 78/79, 86/87, 196/197,
    276/277, 348/349, 362/363, 376/377,
    384/385, 406/407, 422/423, 432/433,
    434
Langrohrkanone, Kal. 7,5 cm, deutsche
    310/311
La Rochelle 290/291
Lattmann, General 216/217
Lauschtrupp 314/315
Lazarettzug 322/323
Lemberg 19
Lenindenkmal in Woronesch 414/415
Leningrad 19, 23, 25, 36/37, 50/51, 78/79,
    148/149, 230/231, 234/235, 238/239,
    241, 242, 278/279, 382/383;
    Friedhof Wolchow 230/231;

Panorama 240/241, 242/243;
»Straße des Lebens« 230/231
Leningrader Front 120/121
von Lenski, General 216/217
Lettland 46/47, 78/79
Leyser, General 23, 216/217
Libau 19, 24
Lilienthal, Willi, Wachtmeister 380/381
Lippstadt 290/291
Lissjanka 28
Litauen 19, 24
Liwadia-Palast in Jalta 410/411
Ljutesch 28
Löhr, Generaloberst 158/159
Lomny 118/119
Lopatin, sowj. General 23
Lovis, Leutnant, franz. 278/279
»Lucie«, sowj. Agent 308/309
Luga 24, 25
Luftaufklärung, sowj. 330/331
Luftaufnahmen 88/89, 90/91, 142/143, 148/149, 156/157, 182/183, 330/331, 360/361
Luftlandetruppen, sowj. 364/365
Luftwaffe, deutsche, Luftflotte 4 210/211; Schlachtgeschwader 9 27
Lunin, Nikolaus, sowj. U-Boot-Kommandant 228/229
Lutschenskijer Brücke 190/191

von Mackensen, General 22, 158/159, 360/361
Magnus, General 216/217
Maikop 22, 25, 26
Maisfeld 174/175
Mallach, Lothar 38/39
Malojaroslawez 80/81, 86/87
Mamai Kurgan 23, 176/177
von Manstein, Generalfeldmarschall 21, 23, 24, 25, 26, 28, 29, 52/53, 150/151, 296/297, 352/353
von Manteuffel, General 384/385

Manytsch 22, 25
Manytschskaja 26
Mao Tse-tung 194/195
Marineinfanterie, sowj. 272/273, 286/287
Marschpause 430/431
Mariupol 28, 376/377
Marjewka 26
Martinowka 25
Maultiere 242/243, 264/265, 270/271, 272/273
»Maxim Gorki«, sowj. Fort 150/151
Meldekapsel 328/329
Meldereiter 188/189, 314/315
Melitopol 28
Memel 24, 34/35, 36/37
MG-Trupp, dtsch. 44/45, 58/59, 70/71, 114/115, 116/117, 170/171, 186/187, 196/197, 288/289
MG-Trupp, sowj. 266/267, 286/287
Militärmuseum in Paris 280/281
Millerowo 23
Minen 170/171, 326/327, 378/379
Minenhunde 68/69
Minensuchboot, sowj. 228/229
Minsk 19, 29, 34/35, 428/429
Mius 26, 128/129, 376/377
Model, Generalfeldmarschall 27, 29, 52/53, 246/247
Mörser 238/239, 246/247, 316/317, 374/375
Mogilew 19, 29, 52/53, 58/59, 80/81, 132/133
Molotow-Cocktail 112/113
Morosowskaja 24
Moschaisk 20, 64/65, 90/91
Mosdok 22, 26, 266/267
Moskau 20, 21, 50/51, 66/67, 72/73, 80/81, 86/87, 88/89, 90/91, 92/93, 96/97, 106/107, 110/111, 112/113, 114/115, 120/121, 130/131, 148/149, 246/247, 256/257, 262, 278/279, 308/309;
Kreml 88/89, 90/91;

Roter Platz 88/89;
Trabrennbahn 90/91;
U-Bahnstation Majakowski 88/98
Moskauer Panzerjägerkomp., sowj. 68/69
Moskauer Poststraße 90/91
Moskwa 96/97
Mostschenoje 392/393
Müller, Hans, Gefr. 38/39
Müller, Julius, Oberstleutnant 216/217
Murmansk 24, 220/221, 226/227, 228/229
Murmanbahn 220/221
Musculus, Friedrich 15
Musytschenko, General, sowj. 42/43
Myschakoberg 26, 286/287
Myschkowa 24

Nachrichtentruppe 312/ 313, 314/315
»Nähmaschine« (I. v. D. = Iwan vom Dienst) sowj. Flugzeug 54/55
Napoleon 7, 130/131
Nara 20
Naro Fominsk 102/103
Narwa 428/429
»Nashorn« 380/381
Naumann, Horst, Unteroffizier 258
Nebelwerfer 44/45, 150/151
Nehring, General 24, 364/365
Newa 232/233, 234/235
Newel 58/59, 130/131, 416/417
Niederlein, Fritz 15
Nikolewskaja 25
Nikopol 400/401
Nikolajew 414/415
Njemen 24
Nowgorod 24
Nowo Buda 28
Noworossisk 22, 26, 286/287
Nowosti, sowj. Agentur, Moskau 15

Obojan 332/333
Odessa 282/283

Offiziere 56/57, 198/199, 208/209, 388/389
Oka 60/61
Olchowatka 27, 144/145
Operation »Blau« 21, 22, 23, 128/129, 158/159, 184/185
Operation »Brückenschlag« 25
Operation »Platinfuchs« 24
Operationsplan Nr. 6 300/301
Opotschka 244/245
Oranienbaum 25
Ordaniwka 144/145
Orden und Ehrenzeichen 258, 280/281, 252/253
Ordschonikidse 26, 266/267, 274/275
Orel 21, 27, 60/61, 122/123, 126/127, 174/175, 300/301
Organisation Todt 224/225
Orscha 29, 54/55
Ortswehrmann, russ. 280/281
Osereikabucht 26, 286/287
Ossetische Heerstraße 274/275
Ostaschkow 21
Ostrow 24
Ostrowno 426/427
Ott, Dr. Alfred 15, 144/145, 176/177, 178/179, 334/335, 336/337

Pak, deutsche 34/35, 72/73, 180/181, 408/409
Pacht- und Leihflotte, amerikanische 228/229
Panzer, abgeschossene 46/47, 112/113, 286/287, 288/289
Panjepferde 268/269, 406/407
Panjewagen 118/119, 136/137, 366/367
Panzer, deutsche
Panzer III 56/57;
Panzer IV 70/71, 208/209, 302/303, 330/331;
Panzer V (»Panther«) 300/301, 308/309, 310/311;

Panzer VI (»Tiger«) 300/301, 302/303, 310/311, 328/329;
»Tiger Ferdinand« 310/311, 330/331;
Kleinpanzer »Goliath« 310/311
Panzer, sowj. 154/155, 366/367, 396/397, 430/431;
T 34 330/331;
KW 1 178/179;
KW 2 54/55
Panzer, sowj., eingegrabene 344/345
Panzerabteilung 18 250/251
Panzerangriff 154/155, 162/163
Panzerarmeen, deutsche
1. Pz.A. 26, 28, 162/163, 284/285, 392/393, 406/407, 408/409;
2. Pz.A. 96/97;
4. Pz.A. 23, 26, 27, 28, 168/169, 192/193, 324/325
Panzerarmeen, sowj. 1. Garde Pz.A. 396/397; 5. Garde Pz.A. 27
Panzerbüchsen-Bataillon, sowj. 112/113
Panzerdivisionen, deutsche
1. Pz.D. 24, 36/37, 328/329, 384/385, 408/409;
3. Pz.D. 32/33, 52/53, 282/283;
4. Pz.D. 44/45;
5. Pz.D. 54/55, 90/91;
6. Pz.D. 24;
7. Pz.D. 384/385;
10. Pz.D. 90/91;
14. Pz.D. 200/201, 216/217;
16. Pz.D. 22, 23;
19. Pz.D. 48/49, 58/59, 112/113, 296/297;
20. Pz.D. 116/117;
24. Pz.D. 140/141, 216/217, 400/401;
SS-Pz.D. »Wiking« 422/423
Panzerfaust 432/433
Panzergrenadierdivision, 20., deutsche 298/299
Panzergrenadierregimenter, deutsche
Pz.Gren.R. 3 362/363;
Pz.Gren.R. 73 58/59;
Pz.Gren.R. 74 58/59;
Pz.Gren.R. »Großdeutschland« 390/391, 392/393;
Pz.Gren.R. »Germania« (Waffen-SS) 422/423
Panzergruppen, deutsche
Pz.Gr. 1 (v. Kleist) 160/161, 162/163
Pz.Gr. 2 (Guderian) 20, 33/34;
Pz.Gr. 4 (Hoepner) 50/51;
Panzergruppe Popow, sowj. 26
Panzerjäger, Kaliber 4,7 cm 72/73
Panzerjäger, Kaliber 12,8 cm 310/311
Panzerjägerkompanie, Moskauer, sowj. Einheit 68/69
Panzerkampf 330/331
Panzerkolonne 36/37, 98/99, 208/209, 266/267, 402/403
Panzerkorps, deutsche
3. Pz.K. 22, 402/403;
24. Pz.K. 28, 96/97, 364/365;
40. Pz.K. 26, 266/267, 380/381;
48. Pz.K. 28, 166/167, 384/385;
56. Pz.K. 24, 52/53;
Pz.K. Hausser (Waffen-SS) 26, 27
Panzerkorps, sowj. 24. Pz.K. 26; 25. Pz.K. 26
Panzerpionierbataillon 19 102/103
Panzerregiment 11 24, 208/209
Panzerschiff »Sewastopol«, sowj. 156/157
Panzerspähwagen 56/57
Panzersperre 110/111
Parteibuch, KPdSU 374/375
Partisanen 274/275, 312/313, 342/343, 362/363, 380/381, 414/415, 432/433
Paulus, Generalfeldmarschall 158/159, 186/187, 194/195, 196/197
Paulus, Ernst-A. 15
Pawendenat, Unteroffizier 38/39
Pawlutschenko, Scharfschützin, sowj. 254/255
Pein, Klaus 124/125
Perekop 20, 21, 138/139
Pétain, Marschall, franz. 280/281

Petrow, J., sowj. Kriegsrat 152/153
Pfeffer, General 216/217
Pferde 186/187, 214/215, 274/275, 304/305, 356/357, 358/359, 406/407, 422/423
Pferdegespanne 106/107, 178/179, 188/189, 212/213, 256/257, 264/265, 350/351, 366/367
Pioniere, deutsche 54/55, 76/77, 132/133, 162/163, 166/167, 190/191, 326/327
Pioniere, sowj. 378/379
Pitomnik, Flugplatz von Stalingrad 24
Pjatigorsk 22, 264/265, 274/275, 282/283
Pleskau 19, 24
Podolische Platte 132/133
Podolsk 132/133
Polozk 424/425
Poltawa 20, 146/147, 158/159
    Stadttheater 334/335
Popow, sowj. General 26
Poretschy 24
Porogi 232/233
Porsche, Ferdinand 310/311
Poselok 20
Praun, General 312/313
Priesack, Prof. Dr. 15, 220/221
Prill, Dieter, Fhj.Gefr. 38/39
Pripjet-Sümpfe 19
Prochorowka 27, 344/345
Propeller-Schlitten 242/243
Pruth 130/**131**
Pulkowo 232/233

Rajewski-Schanze 7
Rasdorskaja 128/129
Rastpause 430/431
Rata, sowj. Jagdflugzeug 44/45, 54/55
Ratsch-Bumm, 7,62-cm-Allzweckgeschütz, sowj. 112/113
Raus, General 208/209
Regnery, Franz 15
von Reichenau, Generalfeldmarschall 21

Reinhardt, Oberst 160/161
Remmer, Asmus 15, 92/93, 144/145
Reval 20
von Ribbentrop, Reichsaußenminister 308/309
Riga 19, 24, 46/47
Rinder 356/357
Rodenburg, General 194/195, 216/217
Rodimzew, General, sowj. 23, 218/219
Rohrkrepierer 263
Rokossowski, R., Generaloberst, sowj. 258, 324/325
Rollbahnen 80/81, 86/87, 116/117, 122/123, 168/169, 184/185
Romny 72/73
Roosevelt 410/411
Rosslawl 19
Rossosch 23, 184/185
Rostow 20, 21, 22, 23, 25, 26, 128/129, 142/143, 160/161, 162/163, 174/175
Rote-Kreuz-Schwester 290/291, 320/321
Rotmistrow, General, sowj. 26, 27
Rschawez 27
Rschew 21, 246/247
von Rundstedt, Generalfeldmarschall 21
Rudel, Oberst 310/311
Rückkämpfer 430/431
Rückzug 122/123, 262, 276/277, 348/349, 352/353, 358/359, 426/427, 430/431
Rumänen 152/153, 282/283, **372/373**
Ruoff, Generaloberst 294/295
Rusa 116/117
Rybalko, General, sowj. 28

Sabsk 24
Sadowska 26
Sal 25
Salchow, Hauptmann 66/67, 90/91
von Salmuth, General 158/159
Salsk 25
Sanitäter 180/181, 318/319, 320/321, 322/323, 350/351, 362/363

Sanitäts-Ju 320/321
Sanne, General 216/217
Saporoschje 28, 52/53, 360/361
Sapuner Höhen 150/151
Schanderowka 28
Scharfschützen 172/173, 210/211, 224/225, 254/255
Schdanow 242/243
Scheibert, Horst 15
Schelkowka 20
Scherer, General 252/253
»Schienenwolf« 396/397
Schießbecher 310/311
»Schildkröten-Stellung« 28
Schisdra 94/95
Schitomir 28, 384/385
Schlachtgeschwader 9 (Luftwaffe) 27
Schlächterei-Kompanie 124/125
Schlamm 64/65, 86/87, 394/395, 400/401
Schlüsselburg 20, 25, 234/235
Schmidt, Dr. Hermann 15, 276/277
Schmidt, Robert, Obergefr. 38/39
Schmundt, General 158/159
Schnee 64/65, 66/67, 90/91, 92/93, 94/95, 98/99, 106/107, 114/115, 116/117, 208/209, 210/211, 214/215, 230/231, 234/235, 268/269, 394/395
Schneider (Beruf) 418/419
Schreibstube 232/233, 290/291
Schürer, Hans 276/277
Schützenloch 70/71
Schützenpanzer 56/57, 72/73, 400/401
Schukow, Marschall, sowj. 28, 50/51, 406/407
Schulz, Oberst 384/385
Schuster (Beruf) 418/419
»Schutzmannschaft« 144/145, 280/281
Schwabe, Alfred 240/241
Schweine 356/357
von Schwerin, General 26
Schwoon, Karl 15
Seelbach, Walter 170/171
Seidemann, General 27

Seilbahn bei Kertsch 282/283
Seliger-See 220/221
Sellhorn, Heinz 15
Senseli 26
Sety 23
Sewastopol 22, 25, 29, 148/149, 150/151, 152/153, 254/255, 410/411
von Seydlitz-Kurzbach, General 23, 216/217
Sibirier 114/115
Simferopol 146/147
Sinelnikowo 290/291
Siwasch 410/411
Slawiansk 22
Smolensk 19, 50/51, 60/61, 290/291, 298/299;
  Kathedrale 64/65, 66/67;
  Bahnhof 420/421
von Sodenstern, General 158/159
Soldatenfriedhöfe und Gräber 168/169, 234/235, 270/271, 346/347, 390/391, 392/393
Soldato-Alexandrowskaja 26
Sonnenblumenfeld 372/373
Sorge, Dr. Richard 92/93
Spanier 234/235, 278/279
Sponeck, Graf, General 154/155
SS-Panzerkorps 26, 27, 306/307
Stalin 23, 50/51, 84/85, 88/89, 92/93, 126/127, 256/257, 280/281, 286/287, 344/345, 354/355, 410/411
Stalin jr., Oberleutnant, sowj. 42/43
Stalingrad 22, 23, 166/167, 176/177, 192/193, 194/195, 196/197, 202/203, 214/215, 216/217, 218/219, 256/257, 274/275, 304/305, 324/325, 406/407;
  Entsatzangriff 208/209;
  Luftversorgung 210/211;
  sowj. Gegenangriff 206/207;
  sowj. Nachschub 212/213;
  Stadtplan 176/177;
  Geschützfabrik »Rote Barrikade« 23, 200/201;

Straßenkampf 204/205;
Wolgaufer 202/203, 212
Stalingradschild 194/195
Stalino 21, 28, 142/143, 356/357
Stalinorgel 114/115, 378/379
Staraja Russa 19, 24, 244/245
Starobelsk 296/297
Stary Bychow 44/45
Stary Oskol 23
Staub 188/189
von Steinkeller, Oberst 384/385
Stoecker, Paul, Hauptmann 15, 263, 290/291
Stoßtrupp 34/35, 84/85, 362/363
»Straße des Lebens« (Leningrad) 230/231
Strecker, Generaloberst 216/217
Strelezkoje 27
Strippel, Feldwebel 328/329
Strypa 28
»Stukas« 186/187
Sturmgeschütze 94/95, 248/249, 302/303, 362/363
Subzow 21
Suwalki 24
Swenigorodka 28

Taganrog 21, 26
Taman-Halbinsel 22, 26, 294/295
Tarnopol 19
Tatarenwall 138/139
Tatarin 146/147
Tauroggen 36/37
Tazinskaja 26
Telefonstange geladene 342/343
Tenning, Otto 15
Teploje 27
Terek 22, 26, 266/267, 284/285
Terespol 290/291
Thien, Günther 218/219
Thrän, Emil 15
Tichwin 20, 25
Tietz, Gerhard 15, 58/59, 96/97, 386/387

Tiflis 266/267
»Tiger« (Panzer VI) 300/301, 302/303, 310/311, 328/329
»Tiger Ferdinand« 310/311, 330/331
Timoschenko, Marschall, sowj. 21, 23
»Tirpitz«, Schlachtschiff 228/229
Tolbuchin, General, sowj. 28, 410/411
Tornau, Gottfried 15
Toropez 246/247, 256/257
Trabrennbahn, Moskau 90/91
Tripp, Hans-Joachim 15
Tritschler, Alfred 66/67, 146/147, 370/371
Truschkina 96/97
Tscherkassy 20, 28, 362/363, 392/393, 402/403
Tscherkasskoje Korowino 27
Tschernowitz 28
Tschir 166/167, 186/187, 208/209
Tschuchnow, J., sowj. Kriegsrat 152/153
Tschuikow, General, sowj. 23, 176/177, 204/205, 213
Tschujanow, General, sowj. 213
Tuapse 272/273
Dr. Türk 32/33
Tula 20, 21, 96/97, 98,99, 100/101, 120/121, 122/123, 386/387
Turoma, finnisches Regiment 222/223

U-Boot, deutsch 222/223
U-Boot, sowj. 228/229
Ukraine 74/75
Uman 19, 28, 78/79, 84/85
Ungarn 280/281
Unguri 132/133
Unterkunft 72/73, 142/143, 290/291
Unterwassersteg 364/365
Urlauber 290/291, 292/293, 368/369
Urlaubsschein 290/291

Vassoll, General 216/217
Verbrannte Erde 352/353, 354/355

Vermessungs- und Kartenabteilung 602 238/239, 240/241
Vernay 278/279
Verpflegung 124/125
Versorgungsbomben 252/253, 406/407
Verwundete 48/49, 82/83, 152/153, 174/175, 180/181, 276/277, 296/297, 318/319, 320/321, 322/323, 350/351, 428/429
Verwundetennest 350/351
VW-Schwimmkübel 294/295

Waffen-SS 82/83, 306/307, 362/363, 422/423
Wagenhalteplatz 319
Wahl, Karl, Gefr. 390/391
Wald, zerschossener 236/237
Wallonische Legion 280/281
Wasser 74/75
Wassiljewka 24
Wassilewski, Marschall, sowj. 410/411
Watutin, General, sowj. 27, 28, 330/331
von Weichs, Generaloberst 23, 158/159, 312/313
Weichsel 29, 392/393, 430/431
Welikaja 24
Welikije Luki 20, 58/59, 250/251
Welisch 256/257
Werkstattkompanie 408/409

»Werther«, sowj. Agent 308/309
Westendorf 290/291
Windmühlenhügel 184/185
Winniza 28
Winterfeld, Dr. Kurt 15
Witba 416/417
Witebsk 19, 29, 338/339, 340/341, 416/417
Wjasma 20, 21, 54/55, 66/67, 80/81
Wlassow, General, sowj. 25, 256/257, 280/281
Wölffer, Siegfried Paul, Obergefr. 334/335
Wolchow 25, 222/223, 236/237, 256/257
»Wolfsschanze« 308/309
Wolga 22, 23, 120/121, 164/165, 202/203, 212, 244/245, 246/247
Wolgadeutsche 374/375
Wollsammlung 21, 108/109
Woltschansk 22
Woronesch 22, 23, 168/169, 170/171, 172/173, 174/175, 184/185, 414/415
»Wotan«-Stellung 28

Zemessbucht 26
Zigarette 78/79
Zigeunerbaron, Der, Theaterzettel 334/335
Unternehmen »Zitadelle« 27, 250/251, 300/301, 324/325, 332/333
Zürn, Major 154/155

Bildnachweis

Adam, Herbert (1), Andres, Erich (3), Archiv (53), Associated Press (3), Bäke, Dr. Franz (1), Bange, Josef (1), Bauer, Erich (4), Brämer, Hans (1), Brütting, Georg (14), Burg, Oberleutnant (5), Cusian, Albert (8), Determeyer, Prof. C. (3), Dethleffsen, Christian (1), Dornhofer, Hans (1), Feldle, Andres (3), Franz, Gerhard (1), Gebauer, Ernst (1), Hackl, Walter (16), Heinrich, Carl (45), Heysing, Günther (49), Holters, Walter (13), Hubmann, Hanns (4), Imperial War Museum, London (26), Jakatzki, Franz (1), Jollasse, Erwin (1), Kandutsch, Hermann (5), Klippert, Hanns-Ritter (4), Klöckner, Hans (8), Knödler, Karl (16), Krüger, Hans (1), Kuntz, Herbert (3), Lahs, Rolf (1), Moll, Jakob (Kameradschaft der ehemaligen 39er) (3), Musculus, Friedrich (1), Niederlein, Fritz G. (7), Nowosti, Moskau (66), Österreichischer Kameradschaftsbund Gebirgsjägerregiment 139 (3), Ott, Dr. Alfred (33), Hilmar Pabel (1), Paulus, Ernst-A. (29), Pläsker, Willi (1), Pein, Klaus (2), Priesack, Prof. Dr. (1), Regnery, Franz (1), Remmer, Asmus (4), Renz, Dr. Manfred (1), Rust, Paul (1), Salchow, Gerhard (4), Saint-Loup (4), Salié, Adolf (1), Scheibert, Horst (5), Schmidt, Dr. Hermann (7), Schöttl, Dr. Oskar (1), Schubert, Hans (1), Schürer, Hans (18), Schwabe, Alfred (6), Schwoon, Karl (8), Seelbach, Walter (4), Sellhorn, Heinz (4), Sparr, Adolf (1), Steen, Ernst (1), von Steinkeller, Friedrich-Karl (1), Stöcker, Paul (23), Stoves, Rolf (9), Strippel, Hans (1), Tenning, Otto (3), Thien, Günther (2), Thoss, Dr. Alfred (1), Thrän, Emil (19), Tietz, Gerhard (23), Tornau, Gottfried (2), Tripp, Hans-Joachim (9), Trischtler, Alfred (12), Türk, Dr. Hermann (7), Ullstein Bilderdienst (48), Westphal, Werner (2), Winterfeld, Dr. Kurt (5).

Mit der freundlichen Genehmigung des Verfassers wurde als Unterlage für die Grafik auf Seite 342/343 und die Kartenskizze auf Seite 312/313 das Buch
SOLDAT IN DER TELEGRAPHEN- UND NACHRICHTENTRUPPE
von Albert Praun, Selbstverlag, Würzburg 1965, verwendet.